125 Jahre
Leidenschaft für Rosen
Familie Kordes

125 Jahre Leidenschaft für ROSEN

Familie Kordes

Zusammengestellt von Angelika Throll
unter Mitarbeit von Ute Kordes

Inhalt

Blick in den Rosengarten von W. Kordes' Söhne, in dem Besucher sehr willkommen sind.

Die Familie

Praxis der Gartenrosen

Farben, Düfte, Formen

Meilensteine

Begegnungen, Geschichten, Menschen

Züchtung

Vorwort

In wenigen Monaten jährt sich die Gründung der Firma Kordes zum 125. Mal. Die Leidenschaft für Rosen inspirierte den Gründer Wilhelm Kordes I und seine Nachfahren über mehrere Generationen bis heute.

Leider muss man sich bei der Entstehung eines Buches auf bestimmte Themenbereiche beschränken. Deshalb möchte ich an dieser Stelle gerne den Dank und meine Wertschätzung unseren Mitarbeitern gegenüber zum Ausdruck bringen. Was wäre die Firma Kordes in all den Jahren ohne ihr engagiertes Team? So haben unsere verlässlichen Arbeitnehmer, die teilweise über Jahrzehnte bei uns beschäftigt sind und waren, durch ihre Leistung zur Kontinuität und zum Erfolg der Firma entscheidend beigetragen.

Auch unseren geschäftlichen Wegbegleitern möchte ich herzlich danken. Sie haben uns als Kunde, Lizenznehmer oder Lieferant die Treue gehalten.

Die Züchtungsarbeit hat sich stets den Anforderungen der jeweiligen Zeit angepasst und besonders im Gartenrosenbereich brachte die konsequente Hinwendung zu gesunden Rosen als oberstes Züchtungsziel große Erfolge, die sich in diesem Jahr 2011 durch höchste Auszeichnungen im In- und Ausland widerspiegelten.

In dem vorliegenden Buch hat die Gartenbau-Ingenieurin Angelika Throll sehr einfühlsam die Historie aufgearbeitet. Es ist ihr gelungen, eine sehr interessante und informative Rückschau über unsere Familie und Firma im Dienste der Rose zusammenzustellen, wofür wir ihr herzlich danken.

Verfolgen Sie die Entwicklung der Firma W. Kordes' Söhne und die Erfolge großer Rosensorten. Lassen Sie sich verzaubern von schönen Fotos. Nehmen Sie Anteil am Schicksal einzelner Familienmitglieder. Lassen Sie sich zu feierlichen Rosentaufen und prachtvollen Rosenevents entführen.

Willkommen in der Welt der Rosen mit wunderschönen Farben, vielfältigen Formen und betörenden Düften.

Wilhelm Kordes III, Dezember 2011

Die Familie

Wilhelm Kordes I

Von links nach rechts: Wilhelm II, Schwester Anna und Hermann I

Am 1. Oktober 1887, etwa zwei Monate vor seinem 22. Geburtstag, gründete Wilhelm Kordes I die heutige Firma W. Kordes' Söhne als Kunst- und Handelsgärtnerei in Elmshorn (Sandberg). Der Geburtstag eines Weltunternehmens, was Wilhelm zu dieser Zeit sicherlich nicht gedacht hatte.

Wilhelm kam aus keiner Gärtnerfamilie, seine Vorfahren waren Schiffer und Seefahrer. Er folgte also seinen eigenen Zielen und Ideen, losgelöst von der Tradition seiner Väter. Seine Liebe zu Pflanzen zeigte sich schon während der Schulzeit. Wilhelm war der jüngste Sohn von Hinrich und Catharine Kordes und wuchs in Elmshorn im Kreise einer großen Familie mit vier Schwestern und einem Bruder auf.

Die Wanderjahre

Seine Wanderjahre führten Wilhelm I auch nach Steinfurth zu Heinrich Schultheis, dessen Rosenschule schon damals weltbekannt war und heute noch in der bereits 5. Generation von Christian Schultheis geführt wird. Dort konnte er allerdings nicht bleiben, weil nur Leute aus der Umgebung von Steinfurth ausgebildet werden durften. So wanderte er nach Heilbronn und lernte dort bei der Firma Kübler die Rosenkultur von der Pike auf kennen. Hier sind wahrscheinlich die Ursprünge von Wilhelms Liebe zur Rosenkultur zu suchen, die er dann später im holsteinischen Elmshorn weiterpflegte und den Grundstein für die heutige große Bedeutung des holsteinischen Rosenanbaues für den Welthandel legte.

In Cuxhaven beim Gartenbaubetrieb Schmidt lernte Wilhelm die Liebe seines Lebens kennen, seine Frau Auguste. Mit ihr hatte er drei Töchter und drei Söhne: Anna, Anna II, Käthe, Wilhelm (später Wilhelm II), Peter und Hermann.

Wilhelm kultivierte Obstbäume, Sträucher, Stauden, Knollen- und Zwiebelgewächse im eigenen Betrieb. Seine umfassenden Kenntnisse ermöglichten ihm diese Vielfalt in den Kulturen. Gestützt auf sehr gute Anfangserfolge stellte er den Betrieb Anfang der 1890er Jahre auf einen reinen Rosenanbau um.

Rosenneuheiten und eigene Züchtungen

Wilhelm hatte ein feines Gespür für die richtigen Rosenneuheiten. Besonders die Sorten des Rosenzüchters Lambert sind hier zu nennen. Er war einer der ersten, der die guten neuen Sorten anbieten konnte und gewann so schnell an Bedeutung in der Rosenszene. Nur zehn Jahre nach der Gründung konnte er auf der

Internationalen Gartenbauausstellung 1897 in Hamburg bereits 19 Medaillen gewinnen.

Wilhelm züchtete wahrscheinlich schon selbst, was allerdings nicht mehr eindeutig nachzuvollziehen ist. Auf jeden Fall stellte er in seinem Verkaufskatalog von 1918 die ersten drei eigenen Sorten vor – mit den Worten:

„In diesem Jahre übergebe ich auch meine ersten drei Neuheiten eigener Zucht dem Handel und wünsche ihnen auf ihrem Weg in die Welt, dass sie als gute wertvolle Rosen ihren Platz behaupten möchten."

Die drei Sorten waren die dunkelgelbe 'Adolf Kärger', deren Züchter sein Sohn Hermann war. „Ich habe sie meinem verehrten Freunde Adolf Kärger in Werder a. d. Havel gewidmet und ich bin überzeugt, dass sie eine wertvolle Sorte wird. Adolf Kärger pflanzte mit großem Erfolge zuerst von allen Berliner Großgärtnern die neuen schönen Farbenrosen, auf meine Empfehlung hin, zu tausenden an. Er hat damit der Rosenzucht einen grossen Dienst geleistet, indem er praktisch bewies, dass auch unsere herrlichen Farbenrosen, in Massen angepflanzt, sich lohnen, ja besser lohnen wie viele Altberliner Massenrosen." So beschrieb Wilhelm I die Sorte in seinem Katalog.

Die zweite Sorte 'Adolf Koschel', eine ockergelbe, blutrot überhauchte Rose mit Duft, auch von Hermann I gezüchtet, erhielt ihren Namen zu Ehren des verstorbenen Berliner Großgärtners mit gleichem Namen.

'Reinhard Bädecker', die dritte Sorte aus eigener Zucht, ist wahrscheinlich von Wilhelm I selbst gezüchtet worden. Es könnte aber auch eine Sorte von Hermann I sein.

Wer in der Familie eine Sorte gezüchtet hat, ist allerdings nicht entscheidend. Der Geist des Hauses war und ist geprägt durch Toleranz, Optimismus, gemeinsamem Vorankommen und Wachstum aus sich selbst heraus. „Keiner wird bei uns auf einen Podest gestellt", das ist ein Satz, der seit den Anfängen den Charakter der Zusammenarbeit beschreibt.

» W. Kordes sen., als Papa Kordes bekannt, konnte bei der Gründung seiner Baumschule 1887 nicht ahnen, den Grundstein zu der heutigen Rosenweltfirma gelegt zu haben. Papa Kordes war, wie viele seiner Landsleute, ein alter erfahrener Baumschulpionier. Das Kultivieren von Rosen war, trotz verschiedener Baumschulkulturen, damals schon seine Lieblingsbeschäftigung. Seine Söhne Wilhelm und Hermann haben diese Begabung geerbt, ihre Liebe zur Rose stammt vom Vater. «

Gottfried Nobis, ehemals der gärtnerische Leiter von Planten un Blomen, Hamburg-Blankenese, 1962

Links unten:
Die Baumschule in Elmshorn, Sandberg, um 1900

Unten:
Wilhelm I beim Aufbinden von Rosen

Wilhelm II und Hermann I

»Die Rosen sind wie die Mädchen. Schön, lieblich – begehrenswert. Erst wenn man sie hat, merkt man, dass sie auch Stacheln haben.«

Wilhelm Kordes II, 4. 2. 58

Trug Wilhelm I noch alleine die Last der Verantwortung, verteilte sie sich in der nächsten Generation schon auf zwei Männer, die verschiedener nicht sein konnten. Wilhelm II, der Züchter, Hermann, der Kaufmann. Ein sehr erfolgreiches Duo, bei dem sich der eine auf den anderen jederzeit verlassen konnte.

Wilhelm II

Wilhelm II war mit Minna und Hermann I mit deren Schwester Martha verheiratet. Die beiden Schwestern kamen aus Dithmarschen. Ein großes Geheimnis, das sich durch die Kordes-Generationen zieht, ist der Familiensinn und das gute Verständnis untereinander. Die Schwestern verstanden sich zeitlebens sehr gut und die Brüder auch. So war man bereits zu viert.

Wilhelm II wurde am 30. 3. 1891 geboren. „Das Gör wollte nicht schreien, also wurde es in einen Eimer kalten Pumpenwassers gesteckt – dann brüllte es, wie gewünscht. Später selten wieder“, so schrieb Wilhelm später in einem seiner Lebensläufe. Seine Lieblingsfächer waren Deutsch und Weltgeschichte. Mathematik und Rechnen gehörten zu den unbeliebten Fächern. „Zahlen sind mir heut' noch ein Greuel,“ schrieb er 1971 an einen Gärtnerfreund.

Das Gärtnerhandwerk erlernte Wilhelm II bei J. Timm & Co., Elmshorn, der damals größten und vielseitigsten Baumschule in Holstein mit Obstbäumen aller Formen, Koniferen, Rosen und Sträuchern. Seine erste Anstellung als Gehilfe fand er bei Carl Ansorge in Klein Flottbek. Der Betrieb ging auf eine der ältesten Baumschulen in Norddeutschland zurück und wurde von James Booth, einem Schotten, auf Veranlassung eines Barons um 1805 gegründet. Hier lernte der junge Kordes die Kultur der Dahlien und Orchideen kennen, blieb aber nicht lange, sondern ging noch im selben Jahr zu Adolf Koschel nach Berlin-Lichtenberg, der damals größten Pottplanten-Gärtnerei Europas. Hier wurden im großen Stil Geranium-Stecklinge gezogen, außerdem über 120.000 Rosen pro Jahr getopft und große Mengen an Fuchsien, Kübelflieder, Farnen, Cyclamen, Chrysanthemen und vielerlei mehr. „Das war wirklich ein Saftladen nach meinem Geschmack“, schrieb er 1971 in seinem „bescheidenen“ Lebenswandel, wie er es bezeichnete.

Danach arbeitete Wilhelm kurz in der Schweiz bei Paul Kybourg, der auf einem hochgelegenen Ort am Neuenburger See Rosen kultivierte. Einige Monate später ging es nach Orléans, Frankreich, zu Léon Chenault. Mit

Ganz links:
Bild um 1920 von der gesamten Großfamilie

Oben Mitte:
Hermann I und seine Ehefrau Martha

Oben rechts:
Die Belegschaft um 1922 – in Klein Offenseth- Sparrieshoop

Raymond Chenault, dem Sohn des Hauses, hatte Wilhelm bei Timm & Co. zusammengearbeitet und eine gute Freundschaft war entstanden. Chenault kultivierte damals über 1200 Rosensorten, davon 200 Teehybriden. Wilhelm II blieb dort ein Jahr und wechselte dann zu Carriat in Antibes, einem der größten damaligen Blumenproduzenten an der Französischen Riviera.

1912 ging Wilhelm nach England und arbeitete dort mit Max Krause bei S. Bide & Sons LTD. Im Februar 1913 kaufte er mit Max Land, in Witley in der Grafschaft Surrey, und gründete die Firma W.Kordes und Krause. Am 10. September 1914 wurden sie enteignet und Wilhelm wurde auf der Isle of Man interniert. Viereinhalb Jahre später, in den ersten Tagen des Februars 1919, wurde er ausgewiesen und kam abgemagert nach Deutschland in sein Elternhaus zurück.

Hermann I

Von Hermann I, der zwei Jahre jüngere Bruder, sind nicht so viele Dokumente erhalten wie von Wilhelm II. Er wurde in der Karpatenschlacht 1915 verletzt und daraufhin entlassen. Er trat in den väterlichen Betrieb ein und übernahm die Leitung. Da die Ländereien um Elmshorn, die für die Rosenkultur verwendet worden waren, nicht mehr zur Verfügung standen, siedelte der Betrieb nach Sparrieshoop um, dem heutigen Firmensitz. Wilhelm I blieb in Elmshorn und folgte seinen Söhnen nicht nach Sparrieshoop.

Im Frühjahr 1919 beschlossen Hermann I und Wilhelm II den Sparrieshooper Betrieb zusammen aufzubauen. W. Kordes´ Söhne wurde der neue Name des Unternehmens.

Erfolgreiches Duo

Wilhelm mit seinem guten Wissen über Rosen baute schnell eine tragfähige Züchtung auf und bald kamen die ersten eigenen Sorten auf den Markt. Aber erst Hermann mit seinem kaufmännischen Gespür sorgte auch für den finanziellen Erfolg und schaffte damit den Raum für neue Investitionen und neue Mitarbeiter. Aber

Rechts:
Tantau und Kordes waren Konkurrenzunternehmen, aber die Besitzer pflegten eine gute Freundschaft. Von rechts nach links: Wilhelm II mit Ehefrau Minna, Martha Kordes, Mathias Tantau mit Ehefrau.

Ganz rechts:
Wilhelm II in einem der Gewächshäuser

Unten rechts:
Treffen der Rosen-Männer. Von rechts nach links: Gustav Strobel, Wilhelm II, Mathias Tantau II, Manfred Klose

Ganz rechts:
Wilhelm II fotografierte für sein Leben gern. Hier sehen Sie ihn bei Rosen-Aufnahmen, die er von einer Leiter aus tätigte.

» Hermann saß dann oft dabei, wenn wir unsere Hoffnungen und Wünsche, unsere Träume und Möglichkeiten besprachen, mit Dir und mit Vater und Sohn Mathias Tantau. Hermann behielt immer seine Füße auf der Erde und, wenn wir mal zu weit in den blauen Himmel schwebten, holte er uns auf die Erde zurück. «

EUGENE S. BOERNER, MITINHABER DER FIRMA JACKSON & PERKINS, NEWARK, USA, 1962, IN EINEM GRATULATIONSBRIEF AN WILHELM II

nicht nur die eigenen Mitarbeiter, sondern auch die Partnerschaft zu zuverlässigen Baumschulen, die die Kordes Sorten vermehrten, wurden gepflegt und ausgeweitet. Im Herbst 1929/Frühjahr 1930 wurden bereits die erstaunliche Anzahl von 660.000 Pflanzen vermehrt.

Danach hatte man die Wirtschaftkrise zu bewältigen und den 2. Weltkrieg. Im 2. Weltkrieg musste Kordes Gemüse und Obst anbauen, Baumschulpflanzen wurden fast vollständig verboten. So waren Ende des Krieges von 660.000 nur mehr 6000 Rosenpflanzen übriggeblieben.

Der nun folgende Aufschwung sucht seinesgleichen. 1962 war die Rosenproduktion auf erstaunliche 2,5 Millionen Pflanzen angewachsen.

ADR

Schon in den 20er Jahren erkannten die Rosenproduzenten und –Züchter, dass es wegen der Sortenflut zu einer Bewertung der Sorten kommen musste, damit die Kunden nicht überfordert werden.

Wilhelm II war einer der Väter der ADR. 1928 stellt er bei der Hauptversammlung des

VDR (Verein deutscher Rosenfreunde, heute Gesellschaft Deutscher Rosenfreunde e.V.) am 15.7.1928 seine „Richtlinien für die Bewertung von Rosen-Neuheiten" vor. Die Grundidee der heutigen ADR war gelegt. Nach dem 2. Weltkrieg, in der die Rosen-Neuheiten-Prüfung ruhen musste, prägte Wilhelm II die heutige ADR weiter maßgeblich. Er lehnte sich am Anfang an die nordamerikanische All-American-Rose-Selection (AARS) an, bei der Neuheiten an verschiedenen Orten getestet wurden. Daraus entstand die Allgemeine Deutsche-Rosen-Neuheiten-Prüfung (ADR). Erst nach Jahrzehnten wurde All in Allgemeine geändert. Die ADR-Prüfung ist daher heute die Allgemeine Deutsche Rosen-Neuheiten-Prüfung. Eine Rose, die das ADR-Prädikat bekommt, wird als Anerkannte Deutsche Rose bezeichnet.

Die ADR gilt als schärfte Rosenprüfung der Welt, das ADR-Prädikat ist sehr begehrt. Sogar Gartencenter-Ketten versuchen heutzutage exklusiv ADR-Sorten von den Züchtern einzukaufen und unter eigenem Namen zu vermarkten. Für die heutige Züchtungsausrichtung ist das ADR-Prädikat für das Haus Kordes von entscheidender Bedeutung (siehe dazu Seite 50f.).

Freundschaften und Verbindungen

Die Periode Wilhelm II und Hermann I war geprägt von schnellem Wachstum der heimischen Produktion und dem Aufbau des exzellenten internationalen Rufes von Wilhelm II als Rosenzüchter und Rosenfachmann.

Es entstanden nationale und internationale Verbindungen und Freundschaften, die allerdings oft noch fachliche, nicht in erster Linie wirtschaftliche Bedeutung hatten. Eine der ersten Freundschaften entstand zu Eugen Boerner und Charles H. Perkins, den Inhabern von Jackson & Perkins, der über Jahrzehnte weltgrößten Rosenschule der Welt. Ferner mit den Rosenzüchtern McGredy III, A. Dickson, Wheatcroft und Le Grice, Svend Poulsen aus Dänemark und vielen anderen.

Unten links:
Hoher Besuch: Bundeskanzler Adenauer und Wilhelm II

Unten:
Rechts vorn: Hermann I, daneben Wilhelm II und Gerd Krüssmann beim 75-jährigen Firmenjubiläum

Ganz unten links:
Reimer Kordes (links) erhielt von seinem Vater Wilhelm II die beste Einarbeitung in die Rosenzüchtung.

Ganz unten:
Vor-ADR in 1930er Jahren

„1957 – Der Höhepunkt der züchterischen Laufbahn von Willi Kordes. Zwei Weltsorten auf einmal! 'Kordes Perfecta' und 'Gail Borden' werden von der größten Rosenschule der Welt, Jackson & Perkins in USA, als die Titelrosen des Jahres herausgestellt. Aus 'Gloria Dei' hervorgegangen, übertrafen sie diese bei weitem durch die Farbenpracht und edlere Form der Blüte. Auf dem Gipfel des Erfolges trat Willi Kordes nun zurück, um seinem Sohn Reimer Platz zu machen, den er inzwischen gründlich ausgebildet hatte. Mittlerweile hat es sich erwiesen, dass diese Wahl nicht glücklicher hätte sein können, denn Reimer Kordes hat von seinem Vater nicht nur den Sinn für Rosenkombinationen geerbt, sondern auch die glückliche Hand und überhaupt dessen ganze Art. Beide sind sie im Grund ihres Herzens stille Menschen, ganz mit ihren eigenen Problemen beschäftigt, wenig anschlussbedürftig, und nur im Kreise ihrer engsten Freunde gehen sie einmal ganz aus sich heraus. Wer sie als Freunde hat, dem bleiben sie dann aber auch bis an das Ende ihrer Tage verbunden."

GERD KRÜSSMANN,
WELTBERÜHMTER BOTANIKER,
1962 ZUM 75-JÄHRIGEN JUBILÄUM

Züchtungsziele nach Wilhelm II, 1932

Wilhelm Kordes II in „Rosen-Züchtung, Anpflanzungen und Pflege" (1932) über die Eigenschaften, welche eine ideale Gartenrose aufweisen sollte :

- Sie sollte widerstandsfähig gegen Krankheiten sein.
- Sie sollte ausreichend winterhart sein.
- Sie sollte einen buschigen Wuchs haben.
- Ihre üppige Belaubung sollte bis zum Herbst am Strauch haften.
- Ihre Blüten sollten sich über dem Laub entfalten.
- Ihr Stiel sollte so kräftig und lang sein, dass er die Blüten aufrecht trägt und diese schnittfähig sind.
- Sie sollte bis zum späten Herbst Blüten tragen.

Crimson Glory trug ab 1935 den Namen Kordes um die ganze Welt

Hermann II, Reimer und Werner

So beschrieb Reimer Kordes seiner Schwiegertochter Ute im Jahre 1994 die Anfänge der 3. Generation: „1963 besuchte ich Onkel Hermann im Krankenhaus. Das war eine Woche, bevor er starb. Und er sagte: Ja, einer muss es nun in die Hand nehmen. Dann musst du das machen. Ja, er war 70 und ich war 41 Jahre und dann fängt es eben an.

Im November ist er gestorben und es ist schon komisch, wenn man ins Büro geht und setzt sich an den Schreibtisch vom Senior, Onkel Hermann. Im oberen Büro war das Chefbüro. Zu dieser Zeit wurde noch stenografiert. Es gab keine elektrische Schreibmaschinen oder wie heute, wo man den Text auf dem Bildschirm sieht und korrigieren kann.

Damals wurde noch stenografiert und dann übertragen und dann noch einmal reingeschrieben. Es gab kein Fax und alles lief über persönliche Kontakte.

Man musste sich einmal vorstellen, wie aufwändig damals das Mahnwesen gewesen ist. Alles musste auf Listen geführt werden, nicht wie heute, wo der Computer die Kunden ausspuckt, die gemahnt werden konnten. Bei Zahlungszielen musste man genau die Daten beachten. Es war reine Fleißarbeit, um die Dinge am Laufen zu halten."

Oben links:
Werner Kordes

Oben Mitte:
Reimer Kordes

Oben rechts:
Hermann Kordes II

Werner, Hermann und Reimer kamen überein, dass Reimer die Geschäftsführung übernehmen sollte. Das bekräftigten sie mit einem kleinen handgeschriebenen Zettel, den Reimer nach Auskunft seiner Frau Marianne noch viele Jahre in seinem Geldbeutel mit sich trug, bis er ganz zerschlissen war. Trotzdem entschieden die drei immer zusammen. Die wichtigen Dinge wurden zusammen besprochen, für die einzelnen Bereiche trug jeder die Verantwortung selbst. Alle drei konnten sich somit aufeinander verlassen. Hermann war der Techniker, Werner für den Außenbetrieb zuständig und Reimer für Züchtung und das Kaufmännische.

» Wir hatten immer viele Gäste, eben so gut es ging. In den Anfängen war es noch sehr spärlich. Wir hatten so viel Arbeit, dass man noch gar nicht ans Feiern dachte. «

Marianne Kordes

» Sehr beeindruckt, voller Respekt, belehrt und im glücklichen Gefühl, viele schöne Rosen gesehen und genossen zu haben, danken wir für Ihre Gastfreundschaft. «

HANNELORE UND HELMUT SCHMIDT, 31. AUG. 1979

Auch in dieser Generation zeigte sich, dass die drei (jetzt Brüder und Cousin) sehr unterschiedlich waren, ebenso die Interessenlage. Wieder die gleiche Ausgangslage wie in der Generation zuvor, nur dass sich jetzt die Last der Verantwortung auf drei Männer verteilte.

Die ersten Jahre

Reimer Kordes: „Das Dilemma des ersten Jahres war, dass wir noch sehr viel Ware nicht verkauft hatten. Über 2 Mio. Rosen hatten wir damals schon produziert oder im Anbau gehabt. Für mich war es damals eine kritische Phase. Im Herbst hatten wir nach der Verkaufsperiode noch 400.000 Rosen im Kühlraum. Im Frühjahr 1964 wussten wir auch nicht, wie wir die viele Ware verkaufen sollten... Und Anfang Mai waren wir ausverkauft – bis aufs letzte Stück, was sehr selten ist. Das haben wir nur in sehr wenigen Jahren später noch einmal geschafft.

Der Markt 64 war in Ordnung. Wir gaben uns beim Verkauf sehr viel Mühe, hatten aber 64 auch das Glück, dass wir ein langanhaltendes Verkaufsfrühjahr hatten. Die Rosen wurden zu dieser Zeit übrigens noch im Strohballen verpackt verkauft. Kartons kamen erst viel später. Auch im Rückblick war 1964 ein ganz besonderes Jahr. Meine Möglichkeiten waren damals allerdings noch bescheiden. Ich hatte kaum Kundenkontakte. Ich war die ganzen Jahre draußen in der Züchtung und Anzucht gewesen, jetzt saß ich am Schreibtisch."

Reimer erzählte seiner Schwiegertochter Ute weiter: „Wir hatten eine gute Mannschaft. Sie war vorhanden und wir mussten sie nicht erst noch aufbauen.

Zum Glück hatten wir Frau Krohn, die war die erste Sekretärin von Hermann I gewesen. Sie kannte die inneren Abläufe sehr gut und half mir in den ersten Jahren unglaublich viel weiter. Sie war außerdem immer auf Fortschritt eingestellt. Wenn Vorgänge durch Maschinen oder Technik verbessert werden konnten, war sie immer dafür zu haben."

Unten:
Ilse, Marianne und Anneliese Kordes (von links nach rechts) in 2011

Unten Mitte:
Eine jahrelange Freundschaft verbindet die Familie Kordes mit dem Ehepaar Schmidt. Hier sehen Sie Helmut Schmidt mit Reimer Kordes in 1979 vor der gelben Edelrose mit dem Namen Helmut Schmidt.

Unten Rechts:
Ein Meilenstein in der Geschichte von W. Kordes´ Söhne, der holländische Zweigbetrieb Interrose.

Interrose – Kordes-Niederlassung in den Niederlanden

„Wenn unsere drei „Väter" nicht den Mut gehabt hätten, nach Holland zu fahren und dort den Betrieb aufzubauen, wären wir heute nicht dort, wo wir jetzt sind," so Tim-Hermann Kordes in 2010

Werner, Hermann und Reimer Kordes erkannten Anfang der 70er Jahre, dass sich der Schnittrosen-Anbau zu den zukunftsfähigsten Geschäftsfeldern entwickelte. Das dafür wichtigste Land war zu dieser Zeit Holland. Es wird erzählt, dass sich die drei Kordes-Männer in ihren VW-Käfer setzen und nach Holland fuhren, um sich Land für eine Niederlassung zu suchen. 1975 gründete Kordes Interrose in Aalsmeer in der Nähe des größten Blumenvermarktungszentrums (VBA). 18500 qm Produktionsfläche unter Glas wurden geschaffen und schon 1976 die ersten Schnittrosen produziert.

In den folgenden Jahren konnten zahlreiche Kordes-Schnittrosen hier erprobt und eingeführt werden. Ziel war es, die neuen Rosensorten auf ihre Marktfähigkeit zu testen, die über die Versteigerung in Aalsmeer in den Handel kamen. Und das Konzept ging auf. Kordes wurde zu einem der größten Schnittrosen-Züchter der Welt. Es gab Jahre, in denen die Top 10 der Weltliste bei den kleinblumigen Rosen alle von Kordes gezüchtet worden waren.

Die Aufbauphase

Ab den 70-iger Jahren kamen Gastarbeiter zu Kordes. Die erhöhte Produktion konnte allein mit deutschen Arbeitskräften nicht mehr bewältigt werden. Ein Teil wohnte in Sparrieshoop und wurden von Ilse Kordes betreut, ein anderer bei Anneliese Kordes in Groß-Offenseth. Die größte Anzahl wohnte in Aspern im Haus von Marianne und Reimer Kordes.

Reimer Kordes: „Nach dem Krieg, als die Arbeitskräfte knapp wurden, hatte man zunächst Italiener, dann Griechen und Türken. Danach kamen die Spanier. Mit 18 Mitarbeitern haben wir angefangen. Später hatten wir bis zu 100. Sie brachten dann ihre Familien mit, ihre Frauen, Cousins, Onkel und so weiter. Anfang Dezember gingen fast alle nach Hause. Ab Februar/März kamen sie zurück und wir waren dann wieder eine volle Mannschaft.

Marianne Kordes: „Wir mussten alle verköstigen. Es gab am Anfang unsere gewohnte gute Kost, wie z. B. Bratkartoffeln und Milchsuppe. Wir hatten im ersten Jahr noch extra eine Frau eingestellt, die Mengen an Kartoffeln schälte. Wir gaben uns alle Mühe. Wir konnten schnell feststellen, dass die Arbeiter damit nicht zufrieden waren. Viele kannten die Gerichte gar nicht und sehnten sich nach ihren gewohnten Lebensmitteln. Anfänglich schmierten wir Frauen morgens jede Menge Brote fürs Feld, aber wir konnten einfach nicht durchhalten. Man musste so früh aufstehen um diese Brotmengen zu schmieren. Und so wachte ich eines Morgens auf und sagte zu meinem Mann: Ich kann das nicht und außerdem sind die Leute gar nicht zufrieden mit diesem Essen.

Wir kauften am nächsten Tag ein kleines Wörterbuch, denn wir sprachen kein Spanisch und die Saisonarbeiter kein Deutsch und auch

Ganz oben:
Rosenmänner unter sich, von links nach rechts: Hette Spek (Holland), Sam McGredy (Neuseeland), Bill Warriner (USA), Reimer Kordes, Niels Poulsen (Dänemark)

Oben:
Westerland® aus dem Jahr 1969: Ein duftender Klassiker unter den Strauchrosen, der sich auch heute noch großer Beliebtheit erfreut.

Oben:
Werner Kordes mit Ehefrau Anneliese in 1987

Oben Mitte:
Reimer und Marianne Kordes am 15. 9. 1990

Oben rechts:
Preisübergabe durch den stellvertretenden Bürgermeister von Dublin an Werner Kordes in 1986

Rechts unten:
Die Familie Bernadotte (Insel Mainau) und die Familie Kordes verbindet eine langjährige Freundschaft und einige Rosennamen: Hier Reimer Kordes mit Sonja Gräfin Bernadotte.

Ganz rechts unten:
Hier in Aspern lebten Marianne und Reimer Kordes über 20 Jahre. Dort war internationaler Treffpunkt für die Rosenzüchter aus aller Welt.

kein Englisch. Wir riefen dann „Cocinero" – also Koch. Und da haben sich zwei gemeldet. Von einem wusste ich, dass er ein sehr ordentlicher Mann war. Ich musste damals alle Betten richten, da weiß man dann schon, wer ordentlich ist und wer nicht. Dieser Mann blieb 12 Jahre unser Koch. Und was der alles wollte: Paprika, Knoblauch, Trockenfisch, Olivenöl. Ich lernte Autofahren, bekam einen Kombi und kaufte Mengen an Nahrungsmitteln ein. Im zweiten Jahr brachte der Mann seine ganze Familie mit, also auch seine Frau. Dann ging es noch leichter mit der ganzen Verköstigung.

Ilse Kordes: „Ich war die Patrona und musste mich um alles kümmern. Das größte Problem waren am Anfang Bauchschmerzen. Das Essen wurde doch nicht so gut vertragen. Einmal kam sogar ein Kind zur Welt und ich fuhr die Frau ins Krankenhaus.

Wir hatten mit diesen Arbeitern und ihren Familien nie Probleme. Nie kam etwas abhanden. Alle waren sie campesinos, das sind Feldarbeiter. Sie kannten sich bestens in der Arbeit aus und fühlten sich natürlich auch sehr wohl. Die Essgewohnheiten waren am Anfang ein Problem. Für den Kaffee brauchten die Leute Mengen an

Zucker, sie aßen Weißbrot und alles war in viel Öl gebacken. Das kannten wir nicht. Wir wussten am Anfang noch gar nicht, was Pommes waren. Das kann man sich heutzutage natürlich nicht mehr vorstellen. Aber die Menschen wollten eben ihre Lebensmittel. Wir schafften eine Kartoffelschälmaschine an und die Kartoffeln wurden dann in Pommes-Form geschnitten.

Ich hatte die Leute sehr gerne. Natürlich gab es für uns viel Arbeit, aber die Spanier schätzen das und zeigten immer wieder ihre Dankbarkeit und Anerkennung. Dann macht man natürlich gerne weiter. Es gibt Spanier, die bis zu 25 Jahre bei uns gearbeitet haben."

Die drei Kordes-Frauen haben immer mitgeholfen, aber im Hintergrund. Das Unternehmen war im Aufbau und sie unterstützten ihre Männer, wo sie konnten.

Ilse Kordes: „Wir Frauen haben uns untereinander sehr gut verstanden. Da gab es keine schlechten Worten und Getuschel hinten herum. Wir waren Mitarbeiterinnen und taten eben das, was nötig war. Wir haben sehr viel gearbeitet. Keiner der Frauen drängte sich in den Vordergrund. Wir brauchten keine Lorbeeren, wir hatten ja die Rosen."

Mercedes®: Der Durchbruch bei den Schnittrosen

„Auf dem Saatbeet hatten wir damals nicht sehr viele Sämlinge, aber es gab gute Farben dazwischen. „Sie" stand halb runter im Haus auf der linken Seite. Man konnte sie, wenn man ins Haus hineinging, sofort sehen. Sie hatte eine Farbe, die es bis dahin eigentlich nicht gab. Diese Farbe war das Nonplusultra, sie leuchtete. Die Sorte sah gut aus und hatte weniger Stacheln. Alle Vorzüge waren da. Und im Laufe des Sommers stellten wir fest, dass sie auch eine gute Haltbarkeit hatte." (Reimer Kordes)

Rückblick

Die Zeit der dritten Kordes-Generation war gekennzeichnet von einem einzigartigen Aufbau der Gartenrosen-Produktion. In den Hochzeiten wurden bis zu 4,5 Millionen Stück pro Jahr angebaut. Hier liegen auch die Anfänge der Trennung von Schnittrosen- und Gartenrosen-Züchtung. Die dritte Generation sorgte überdies für den internationalen Durchbruch als einer der ganz großen Schnittrosenzüchter. Kordes war zu einer der großen Welt-Rosen-Unternehmen geworden.

> „Nicht Hoffnungen und Wünsche erfüllen unser Leben, sondern Taten!"
>
> Reimer Kordes, Barmstedt, 1958

Unten links:
Gerhard Stoltenberg ist ein Verwandter der Familie Kordes (Mitte Tim Kordes, rechts Ilse Kordes). Das Bild stammt aus dem Jahr 1987

Unten:
Die legendäre Mercedes®, die Kordes weltberühmt machte. Sie war die erste Rose, die so preiswert produziert werden konnte, dass sie Einzug in die Supermärkte hielt und somit war es jedem möglich, Rosen zu kaufen.

Stammbaum der Familie Kordes

»Ich glaube unser Familien-Geheimnis ist der große Familiensinn. Man toleriert den anderen mit seinen Stärken und Schwächen.«

Ute Kordes, 2011

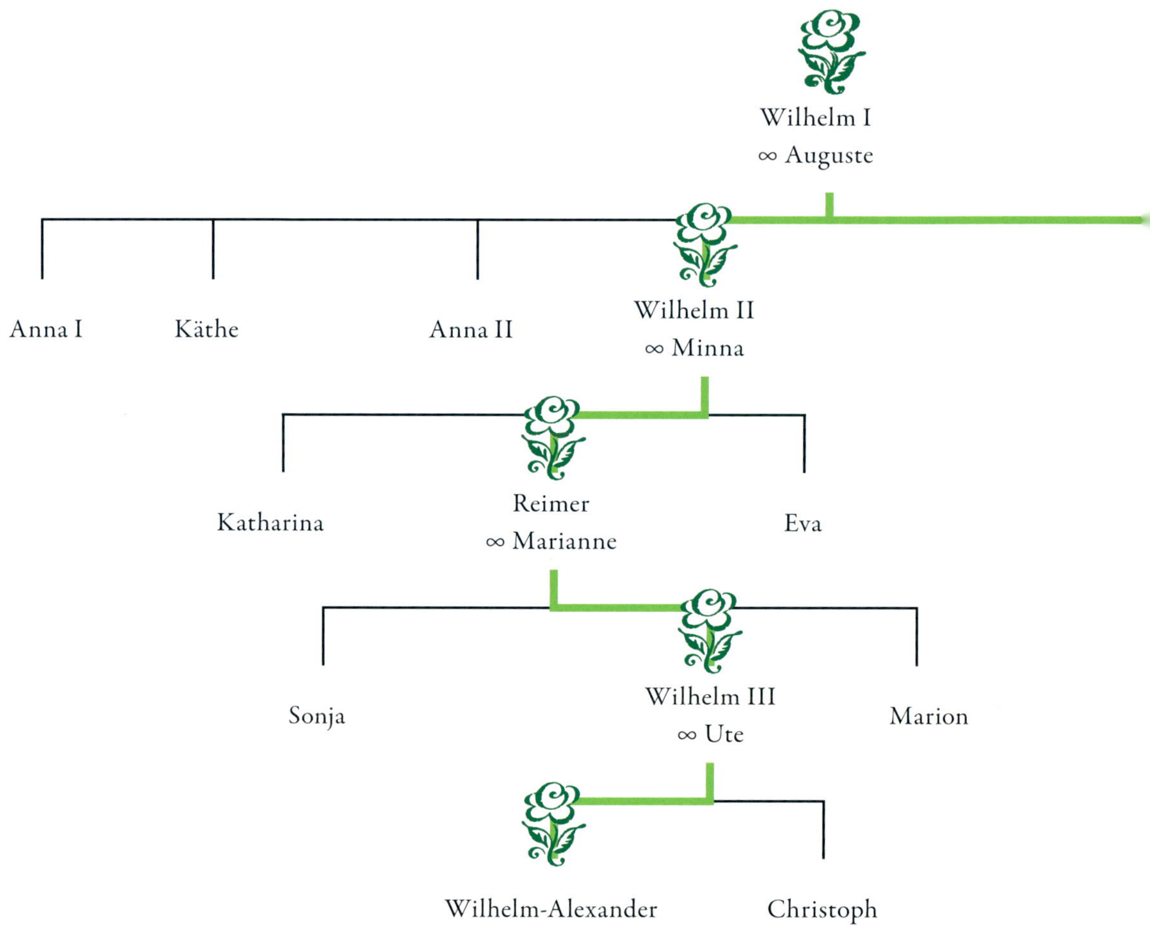

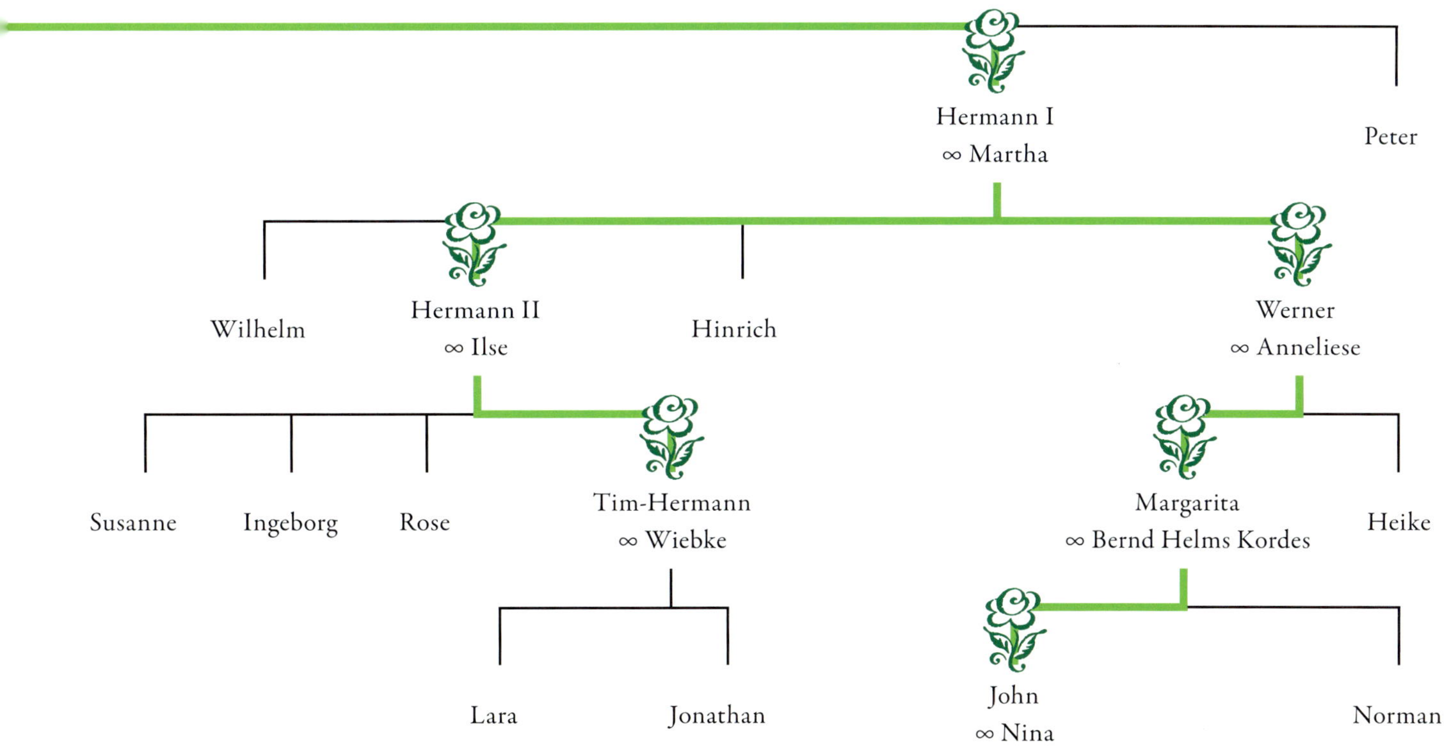
Hermann I
∞ Martha
Peter
Wilhelm
Hermann II
∞ Ilse
Hinrich
Werner
∞ Anneliese
Susanne
Ingeborg
Rose
Tim-Hermann
∞ Wiebke
Margarita
∞ Bernd Helms Kordes
Heike
Lara
Jonathan
John
∞ Nina
Norman

TIM-HERMANN, BERND HELMS KORDES, WILHELM III KORDES

Unten:
Die heutigen „Lenker", von links nach rechts: John Kordes mit Frau Nina, Bernd Helms Kordes mit Frau Margarita, Tim-Hermann mit Frau Wiebke, Wilhelm III mit Frau Ute.

Unten Mitte:
Hochmoderne und umweltgerechte Technik zeichnet den Zweigbetrieb in Kenia aus.

Unten rechts:
Die Gründung des Zweigbetriebes in Kenia war ein weiterer entscheidender Schritt in der Firmengeschichte. Hier sehen Sie die Mitarbeiter bei der Rosenernte in den hochmodernen Gewächshäusern.

Im März 1986 verstarb Hermann Kordes II und am 1. Juli 1988 übergaben Werner und Reimer Kordes der nächsten Generation das „Ruder". Wie in den beiden Generationen vorher begleiteten die beiden „Alten" die „Jungen" noch weitere Jahre und erfreuten sich an guten Entscheidungen und dem Erfolg des Unternehmens.

Bernd Helms Kordes ist für das Schnittrosengeschäft verantwortlich, Wilhelm III für Finanzwesen und die Züchtung der Gartenrosen. Tim-Hermann ist für die Produktion und die Schnittrosen-Züchtung zuständig.

„Bis in die 1990er Jahre gab es bei uns nur einen Rosenzüchter für Garten- und Schnittrosen. Heute haben wir drei. Man muss sich auf die Märkte und Kunden konzentrieren. Daher ist die Züchtung der Garten-, Topf- und Schnittrosen voneinander getrennt worden. Die drei Gruppen liegen einfach zu weit auseinander. Die Zufriedenheit unserer Kunden steht an erster Stelle: Bei den Gartenrosen sind es die Gartenbesitzer, bei den Schnittrosen die Anbaubetriebe in Afrika oder Südamerika, die unsere Rosen in Lizenz vermehren", sagt Tim-Hermann, wenn man ihn nach den Märkten fragt.

Jubiläum 2000: 25 Jahre Interrose. Von links nach rechts: Tim-Hermann, Bernd, Wilhelm III

Die Schnittrosen

Die Schnittrosen-Produktion verlagerte sich mit den Jahren von Holland weg immer mehr nach Südamerika, Ostafrika und andere klimatisch begünstigte Gebiete. Kordes trug dem Rechnung und kaufte Anfang 2000 in Kenia Land für einen Testbetrieb und später folgte ein Produktionsbetrieb.

„Im Testbetrieb werden ausgewählte Sorten aus der Züchtung in Sparrieshoop getestet und weiter selektiert. Man kann sich die Rosen dort unter den Bedingungen ansehen, die wir hier nicht haben. Wir bauen bis zu 60000 Stück pro Sorte an, um unseren Lizenznehmern schon einmal etwas an die Hand zu geben. Die Zeit hat gezeigt, dass wir unseren Kunden die Sicherheit geben können, dass die Sorten auch den gewünschten Ertrag bringen und sie nicht in ein finanzielles Desaster hineinlaufen. Das Risiko neue Sorten zu pflanzen ist eben sehr hoch und wir wollen unsere Kunden auf Dauer behalten.

Das Schnittrosengeschäft ist heutzutage ein neuheitengetriebenes Geschäft. Entweder man verkauft eine Sorte in Afrika, Südamerika oder Holland. Eine Sorte, die in Ostafrika vermehrt wird, will der Holländer nicht haben. Damit hätte er auch keine Chance. Daher brauchen wir mehr Sorten, die dann auch exklusiv vergeben werden können.

Gärtner suchen zudem immer neue Herausforderungen und eine neue Sorte stellt das dar. Auch das ist ein Grund, warum das Geschäft schnelllebiger wird und wir unseren Kunden immer neue Sorten zur Auswahl anbieten. Wir rechnen heute mit etwa 5 Jahren, in der eine Sorte aktuell ist.“ (Tim-Hermann)

Doch trotz aller Anforderungen des Marktes: Kordes steht für Qualität. Wenn die Qualität nicht stimmt, kommt die Sorte nicht auf den Markt. Es werden keine Kompromisse eingegangen

» In Kenia versuchen wir die gleichen Standards im Pflanzen- und Umweltschutz bei der Schnittrosenproduktion umzusetzen wie in Deutschland. Wasser ist auf der ganzen Welt von wichtiger Bedeutung und wir versuchen dieses Gut so optimal wie möglich zu nutzen. Wir recyceln das Wasser und kein verschmutztes Wasser verlässt die Farm. Um das Grundwasser zu schonen wird so viel wie möglich Regenwasser von den Gewächshäusern aufgefangen und genutzt. Fast die gesamte Schnittrosen-Produktion ist in einem geschlossenen System in Substrat, so dass der Boden nicht beansprucht wird. Das macht eine Behandlung des Bodens überflüssig. «

John Kordes, 2011

Die Entwicklung der Firma in Klein Offenseth-Sparrieshoop:
Oben: Jahr 1957,
Oben Mitte: Jahr 1971
Oben rechts: Jahr 1990
Oben ganz rechts (Seite 25): Jahr 2009 mit den neuen Häusern für die Schnittrosenzüchtung

> Loki Schmidt kam zu mir ins Gewächshaus und ließ sich alles zeigen. Wir haben uns intensiv unterhalten und kamen auch auf das Okulieren zu sprechen. Sie wollte gerne wissen, wie das geht. Ich fasse in die Tasche und hole mein Okuliermesser heraus. Und zack schlug mir ein Bodygard das Messer aus der Hand. Ich bin sehr erschrocken. Ich hatte das Messer noch nicht ganz aus der Tasche, da lag es schon auf dem Boden.
>
> JOCHEN KLITSCHER, EHEMALIGER ZÜCHTUNGSLEITER BEI KORDES

Die Gartenrosen

„Als Junge bzw. junger Mann war die Züchtung für mich das Interessanteste. Man ließ damals die Pflanzen 2 bis 3 Meter hoch wachsen, auch die Edelrosen, und bestäubte die Pflanzen auf einer Leiter. Warum man zu dieser Zeit die Pflanzen nicht zurückschnitt um bequem vom Boden aus arbeiten zu können, weiß ich nicht. Man dachte, dass das so richtig sei. Früher wurden die Züchtungen noch in ein kleines Buch eingetragen und wir hatten damals nur ein Kreuzungshaus. Die Züchtung umfasste etwa 5% von der heutigen. Wir haben heute natürlich auch eine viel bessere Klimaführung, eine optimale Düngung und viel mehr Möglichkeiten, die Sämlinge gut durchzubekommen.“ (Wilhelm Kordes III, 2010)

Aus diesen Anfängen ist heute ein Züchtungsprogramm geworden, dass aus Hunderttausenden an Sämlingen pro Jahr etwa 5 bis 10 Handelsorten selektiert. Bei den Züchtungszielen steht die Gesundheit immer noch an vorderster Stelle. Durch das konsequente Züchten auf Gesundheit, findet man bei den Sämlingen immer mehr gesunde Sorten.

„Wir selektieren sehr konsequent. Man darf nicht zu schnell auf den Markt kommen. Zum Beispiel suchten wir seit Jahren nach einer gesunden „blauen“ Rose. Es gab in der Vergangenheit viele, aber alle haben unseren Gesundheitsstandard nicht erfüllt. Natürlich hört man auch bei uns im Haus immer wieder, es muss jetzt sein, weil man vielleicht Marktanteile verliert. Aber nein, wir haben weiter gewartet und haben nun die Novalis® gefunden. Novalis® ist die Erste, die die Gesundheit bringt, die wir haben wollen.“ Wilhelm Kordes III, 2010

Was ist das Geheimnis der Züchtung erfolgreicher Sorten?

Wilhelm III: „Wenn man die Stammbäume ansieht, zeigt sich immer wieder, dass nicht aus zwei Handelssorten die neue Sorte entsteht. Oder dass aus zwei Duftsorten die ganz neue tolle Duftsorte entsteht. Häufig ist es so, dass

aus mehreren Generationen von Sämlingen zwei zusammen kommen und daraus eine hervorragende neue Handelssorte entsteht.

Man kann bei Züchtung sehr viel voraus-denken, z. B. wenn man robuste Sorten haben will. Wir suchen unter den ADR-Rosen die richtigen Partner aus und kreuzen sie. Trotzdem heißt das noch lange nicht, dass hinterher eine vermarktbare Sorte gezüchtet wird.

Bei der Selektion ist sehr viel Erfahrung dabei. Ich konnte bei mir selbst feststellen, dass ich heute Eigenschaften sehe, die ich früher nicht erkannt habe. Auch der eigene Geschmack ändert sich. Eine Gefahr ist, dass man nur zu bestimmten Typen tendiert und die bevorzugt. Und der Markt will ganz etwas anderes. Daher muss man ständig versuchen eine Objektivität zu erlangen zum Beispiel durch Rückkoppelung mit dem Verkauf oder Kunden. Man darf nicht einseitig werden und nur sein Ideal verfolgen. Aber eines muss doch immer dabei sein: ein bisschen Glück."

Die Garten-Rosengruppen bei Kordes

Die Rigo-Rosen®: Die Rosen der Rigo-Gruppe sind besonders intensiv getestet – rigoros getestet. Es sind die gesündesten der Gesunden. Das ADR-Prädikat ist Voraussetzung für die Rosen dieser Gruppe.

Märchenrosen®: Die Märchenrosen haben nostalgische Blütenformen und sind die deutsche Antwort auf die englischen Rosen. In dieser Gruppe haben wir überwiegend Beet- und Strauchrosen.

Klettermaxe®: Die neue Generation der Kletterrosen – gesund, wuchsfreudig, winterhart, großblumig.

Liliputs®: Die gesunden Zwergrosen, viele mit ADR-Prädikat. War die Gruppe der Zwergrosen früher besonders krankheitsanfällig, hat Kordes in dieser Gruppe Sorten, die vom Rosenfreund leicht und ohne großen Aufwand gepflegt werden können.

Eleganza®: Die neue Generation der Edelrosen: gesund mit klassischer Blütenform. Die Züchtungen sind alle neueren Datums, die älteste stammt aus dem Jahr 2002.

Parfuma®: Die Gruppe ist die Neuste bei Kordes und wird im Herbst 2012 mit den ersten Sorten auf den Markt gebracht. Die Sorten dieser Gruppe kombinieren überragenden Duft mit hoher Blattgesundheit.

Rosengruppen im Garten

Je nach Verwendungszweck werden die Rosen einzelnen Gruppen zugeordnet.

Beetrosen: Unter dem Sammelbegriff Beetrosen werden verschiedene Sortengruppen zusammengefasst, die früher als Polyantha- oder Floribunda-Rosen bezeichnet wurden. Durch die Züchtung gibt es mittlerweile außerdem viele Zwischenformen. So ist der Übergang von den Beetrosen zu Kleinstrauchrosen manchmal fließend und nicht immer erschließt sich eindeutig, warum eine Sorte eher der einen oder der anderen Gruppe zugeordnet wird.

Unten:
Lions-Rose® – eine Beetrose

Unten rechts:
Sweet Parole® – eine Edelrose

Ganz unten:
Knirps® – eine Kleinstrauchrose

Ganz unten rechts:
Roxy® – eine Zwergrose

Beetrosen eignen sich für Beete und Rabatten, mit und ohne begleitende Stauden, Gräser, Sommerblumen und Gehölze. Für eine gute Fernwirkung sollten mindestens 3 Pflanzen in eine Gruppe gesetzt werden. Die meisten Vertreter dieser Gruppe werden 0,6 bis 0,8 m hoch und wachsen kompakt buschig aufrecht. Die Blüten erscheinen in Dolden.

Edelrosen: Die Edelrosen, die auch Teehybriden genannt werden, sind wahrscheinlich die beliebteste Gruppe, weil sie dem Idealbild der Rose am nächsten kommt. Sie haben die größten und elegantesten Blüten mit starker Füllung. Die Vertreter dieser Gruppe werden 0,7 bis 1,2 m hoch und wie Beetrosen verwendet. Im Einzelstand wirken die Rosen in der Regel nicht, daher sollten zumindest immer einige wenige Pflanzen einer Sorte in einer Gruppe gepflanzt werden.

Kleinstrauchrosen: Diese Gruppe ist vielseitig und die Sorten sind in der Regel sehr gesund. Sie sind blühwillig, putzen sich selbst und brauchen keine großartige Pflege. Sie sind ideal für Rosen-Anfänger geeignet. Die Gruppe hat die Bodendeckerrosen abgelöst, weil durch die Züchtung und das Einkreuzen von höheren Sorten, der reine Bodendecker-Charakter oft verloren gegangen ist. Allerdings gibt es immer noch ganz typische Bodendeckerrosen, die also 40 cm Höhe nicht überschreiten und sich flächendeckend ausbreiten. Sie gehören als Untergruppe zu den Kleinstrauchrosen.

Kleinstrauchrosen werden in kleinen Gruppen gepflanzt, sie eignen sich auch als Rosenhecke oder Hangbepflanzung. Sogar als niedrige Kletterrosen lassen sich manche Sorten verwenden. Die Vertreter erreichen eine Höhe von nur 30 cm, andere erreichen 1 m Wuchshöhe.

Zwergrosen: Wegen des niedrigen Wuchses (30 bis 40 cm) sind die Sorten dieser Gruppe ideal für Kübel, Töpfe und Kästen, aber auch zur Randbepflanzung von Beeten lassen sie sich hervorragend verwenden. Früher waren viele Vertreter heikel und wenig gesund, heute gibt es bereits Sorten, die das ADR-Prädikat erhalten haben.

Strauchrosen: Die Sorten dieser Gruppe erreichen eine Höhe von 1,2 bis 2 m und werden in der Regel an einen Einzelplatz in Beeten, Rabatten, Rasenflächen oder Gehölzpflanzungen gesetzt. Die meisten Vertreter sind blühwillig und pflegeleicht. Einige bestechen durch üppigen Blütenreichtum, der die Blicke magisch anzieht. Die meisten neuen Sorten sind öfterblühend, allerdings gibt es auch immer noch einmal blühende, die sich dann im Herbst mit Hagebutten schmücken, zur großen Freude von Mensch und Tier.

Historische Rosen: Diese viel gerühmte Gruppe, eine Untergruppe der Strauchrosen, auch oft als Alte Rosen bezeichnet, erfreuen uns mit Schönheit der vielfältigen Blüten und oft betörendem Duft. Von den frühen Gartenrosen führte der Weg über Gallica-, Alba-, Damaszener-, Centifolia-, Moos-, Bourbon-, Noisette-, Portland- bis hin zu den Remontant-Rosen, die den Übergang zu den modernen Rosen kennzeichnen. Nach der Definition der American Rose Society aus dem Jahre 1966 sind Sorten, die nach der ersten Teehybride „La France" aus dem Jahre 1867 gezüchtet wurden, keine Historischen Rosen mehr.

Links:
Westerland® – eine Strauchrose

Oben:
Amadeus® – eine Kletterrose

Kletterrosen: Diese Gruppe wird in zwei Untergruppen eingeteilt. Die Climber mit steifen, aufrechten Trieben und die Rambler mit langen biegsamen Trieben, meist kleineren Blüten und üppiger Blütenpracht.

Die Blütenformen und Größen der Climber sind sehr vielseitig, die Sorten blühen mehrmals im Jahr. Bei den Ramblern gibt es einmal und öfter blühende Vertreter. Sie eignen sich wegen ihrer großen Wuchskraft ideal für Rosenbögen und Pergolen. Außerdem lassen viele Gartenbesitzer die Sorten in Bäume oder an anderen Klettergerüsten hochranken.

Wildrosen: Zu dieser Gruppe gehören die Rosen, die natürlich vorkommen und nicht züchterisch bearbeitet wurden. Es gibt europäische Arten, aber auch solche aus Asien und Nordamerika, die bei uns heimisch geworden sind.

» Ich erinnere mich noch genau an das erste Jahr ohne Spritzung auf dem Feld. Werner Kordes stürmte zu meinem Vater Reimer und erklärte, dass die Jungen uns nun ruinieren wollen. Natürlich kommt man auch ins Zweifeln, wenn man so ein Feld sieht, auf dem überhaupt nichts mehr wächst, alles krank und verdorrt. Aber wir waren davon überzeugt, dass das der richtige Weg sei, daher sind wir den dann gemeinsam weitergegangen. «

Wilhelm Kordes III, 2011

Belami Kordana® – eine zart apricotfarbene Topfrose mit nostalgischer Blütenform

Die Topfrosen

Mit den Topfrosen kam in den neunziger Jahren das nächste Segment bei Kordes dazu. Schon in den1980er Jahren waren die ersten zarten Versuche in Sparrieshoop gestartet worden. Aber man kam nicht recht voran. 1989 fuhr Bernd Helms Kordes mit einigen Paletten an 6er und 10er-Töpfen nach Dänemark und besuchte dort die einschlägigen Fachbetriebe für den Topfrosen-Anbau. Er kam auch zu Torben Moth Madsen mit seiner Gärtnerei ROSA DANICA, der einige Sorten aussuchte und bei sich probierte. Die erste Sorte, die auf den Markt kam, war Rolisco Kordana®, eine weiße Hänge-Sorte, die sich über und über mit winzigen weißen Blüten schmückt.

Schon ein Jahr später waren es Stecklinge von 150 Sorten, die Torben aus Sparrieshoop für den dänischen Betrieb mitnahm. Im Jahr 1994 kam Vanilla Kordana® in den Handel, ein Meilenstein in der Topfrosen-Züchtung. Vanilla Kordana® war die erste Sorte, die man als Mini-Edelrose im Topf bezeichnen konnte. Die cremeweißen Blüten sitzen einzeln auf kräftigen Stielen. Das Einzigartige an dieser Rose war aber die bis dahin unbekannte lange Haltbarkeit der Sorte.

Vanilla Kordana® brachte für Kordes den Durchbruch im Topfrosen-Sektor.

Aus diesen zarten Anfängen hat sich ein umfangreiches Sortiment entwickelt. Die Zusammenarbeit mit ROSA DANICA hat sich als sehr glücklich erwiesen. Das dänische Unternehmen besitzt einen Marktanteil von 60% am dänischen Produktionsmarkt und produziert etwa 15 Mio. Topfrosen (Stand 2011) mit Kordes-Sorten. Kordana®-Rosen werden mittlerweile in vielen anderen Ländern produziert: Holland, Italien, USA und Kanada sind Beispiele. Die Kordana®-Sorten haben in Europa schätzungsweise einen Marktanteil von 40% des Topfrosen-Marktes erreicht.

> Mein erstes Erlebnis mit Rosen? Mein Bruder, meine Mutter und ich sind zum Rosenfeld gefahren, auf dem mein Vater arbeitete. Mein Bruder ist in die Rosen gefallen und hatte beide Beine zerkratzt.
>
> WILHELM-ALEXANDER 2011

Zeitalter Internet

Das Internet spielt für das Image und die Gartenrosen eine immer wichtigere Rolle.

Kordes konnte dadurch seinen ohnehin hohen Bekanntheitsgrad weiter ausbauen, besonders in den übrigen europäischen Ländern. Das Unternehmen ist überall erreichbar, die Rosen können am Bildschirm angesehen werden. Dadurch wird auch mehr gekauft.

Viele Endkunden für Gartenrosen (etwa fast die Hälfte) bestellen schon online. Es ist das Medium der Zukunft und Kordes arbeitet sehr intensiv am eigenen Auftritt. Es ist übrigens ein Phänomen, das viele Kunden trotzdem auf den Katalog nicht verzichten wollen.

Die fünfte Generation

Mit John Kordes ist bereits die fünfte Generation in der Firma tätig. Er ist im Segment Schnittrosen tätig und besucht regelmäßig das Zweigunternehmen in Kenia.

Tim-Hermann: „Der Generationswechsel kommt bei uns nach und nach. Das ist wichtig und richtig. Es wird immer wieder ein ‚Junger oder eine Junge' nachgezogen. Eine gründliche Einarbeitung und Vorbereitung kann stattfinden, was wiederum die Voraussetzung für eine erfolgreiche Übergabe ist."

Meilensteine der letzten 25 Jahre

- Katalog-Umgestaltung: Das Bild steht nun direkt bei der Sorte. Die Trennung von Text und Bild wird aufgehoben.
- 1988 Ende der Spritzungen auf den Testfeldern
- 1988 Züchtungsschwerpunkt bei den Gartenrosen wird die Gesundheit
- Ende der1980er Jahre: Ausweitung der Topfrosenzüchtung, Kooperation mit ROSA DANICA
- 1994 Durchbruch in der Topfrosenzüchtung mit Vanilla-Kordana®
- 2000 Kordes Roses East Africa (KREA) wird in Kenia gegründet. Die Schnittrosen werden dort getestet.
- Ab 2002: Einführung der neuen Produktgruppen: Rigo-Rosen®, Märchen-Rosen®, Klettermaxe®, Lilliputs®, Eleganza®, Parfuma®
- 2005 KREATIVE wird in Kenia gegründet, ein reiner Schnittrosenbetrieb auf 20 ha.
- 2008: Verdreifachung der Schnittrosenzüchtung in Sparrieshoop. Inbetriebnahme eines neuen Gewächshauses.
- Ausweitung umweltbewußter Techniken: Abnahme von Biogasenergie, Photovoltaik-Solaranlage, Einsatz von Nützlingen in den Gewächshäusern, Bodenentseuchung durch Tagetes.

» Beim Pflanzenschutz wird zum größten Teil biologisch vorgegangen und wir züchten unsere eigenen Nützlinge, die die Schädlinge wie Rote Spinne (Spinnmilben) bekämpfen. Es wird integrierter Pflanzenschutz betrieben und nur bei Befall wird auf Chemie zurückgegriffen. Dafür ist ein gutes Scouting notwendig, d.h. frühzeitiges Erkennen von einem Befall, damit sofort gehandelt werden kann. «

John Kordes

Links:
Rosen-Vielfalt aus dem Hause Kordes

PRAXIS DER

Gartenrosen

Auswahl und Kauf

Oben:
Jasmina®, eine wunderschöne zartrosa Kletterrose, die das ADR Prädikat erhalten hat.

Oben rechts:
Ein Klassiker unter den Strauchrosen – Lichtkönigin Lucia® aus dem Jahr 1966

Der Rosenmarkt hat sich im Laufe der Jahre sehr verändert. Waren es zu Zeiten der ersten drei Kordes-Generationen fast nur wurzelnackte Gartenrosen, die verkauft wurden, werden heute zunehmend Rosen in Containern (Töpfen) angeboten.

Waren die Hauptverkaufsmonate früher von Ende September bis April, mit Unterbrechungen während der Frosttage, so verlangen heute die Kunden rund ums Jahr blühende Rosen, sehr oft eben im Kübel oder Topf.

Im Prinzip spielt es keine Rolle, ob wurzelnackt oder im Container: Es gibt allerdings einige Regeln, die zu beachten sind, damit man Freude mit „seinen" Rosen hat.

Sortenwahl

Wenn Sie Rosen für die dauerhafte Pflanzung im Garten suchen, also keine Containerrose für nur einen Sommer, empfehlen wir gerne folgende Vorgehensweise.

Suchen Sie sich die Rosen mit den gewünschten Merkmalen (Farbe, Duft, Gesundheit) im Internet oder dem Rosenkatalog aus. Nehmen Sie sich dann die Zeit und schauen Sie sich diese Rosen in einem öffentlichen Rosengarten an. Und zwar am besten zweimal im Jahr. Einmal im Juni/Juli und einmal im September. Dann sehen Sie, was die Rose kann.

Gesunde Rosen sind für uns ein Muss. Rosen, die für Sternrußtau oder Mehltau anfällig sind, wachsen bald rückwärts und verschwinden nach wenigen Jahren.

Immer wieder hören wir: „Rosen gelingen mir nicht." Wir können dazu versichern: Eine gesunde Rose gelingt auch einem Gartenanfänger.

Pflanzung wurzelnackter Rosen

Wenn wurzelnackte Pflanzen bei Ihnen ankommen, werden sie sofort ausgepackt. Sollte nicht gleich gepflanzt werden können, müssen die Rosen in feuchter Erde eingeschlagen werden.

Vor der Pflanzung werden die wurzelnackten Rosen komplett 24 Stunden in einem Regenwasserfass oder einem großen Eimer gewässert. Bitte nicht nur die Wurzeln wässern, sondern die ganze Pflanze.

Das Pflanzloch muss unbedingt groß genug sein. Die Wurzeln dürfen nicht abgebogen in die Erde kommen. Und die Wurzeln dürfen beim Einpflanzen auch nicht direkt an die Pflanzlochwände stoßen. Verdichteter Boden muss tiefgründig gelockert werden. Am besten formen Sie einen kleinen Hügel in der Mitte des Pflanzloches, der die gleichmäßige Wurzelverteilung gewährleistet.

Die Wurzeln werden etwas zurückgeschnitten. Dann kommen sie ins Erdreich und zwar so tief, dass die Veredlungsstelle nach der Pflanzung etwa 5 cm unter der Erdoberfläche zu liegen kommt.

Zum Schluss ganz wichtig: Anhäufeln. Wenn das nicht gründlich gemacht wird, können die Rosen im Winter leicht vertrocknen und treiben im Frühjahr nicht mehr aus.

Unten links:
Maxi Vita®, eine wüchsige gesunde Kleinstrauchrose

Unten:
Schauen Sie sich vor der Wahl eine Rose im Sommer und im Herbst noch einmal an. Dann sehen Sie, was eine Rose kann.

Standort

»Auf rosige Zeiten«

Bernd Helms Kordes, Worte für eine erfolgreiche Zukunft

Rosen lieben sonnige Standorte. An zu schattigen Plätzen versagen die meisten Sorten. Die Sorte auf dem Bild ist Frühlingsgold.

Wilhelm II, 1960 (Das Rosen Buch): „Eigentlich ganz einfach zu beantworten: in die Sonne. Die Rosen sind Licht- und Luftkinder. In der Steppe stehen sie ringsum frei und nie im Schatten. Am Waldrand oder im lichten Buschwald schicken sie ihre Klettertriebe in die anderen Gehölze und treiben erst eine buschige Krone, wenn sie frei an Licht und Luft kommen können ... Also richten wir uns im Garten danach.

Nun gibt es viele Rosenliebhaber, deren Gärten liegen zwischen hohen Bäumen oder gar Häusern eingeschlossen. Nur wenige Stunden haben die Rosen Sonne, fast nie freie Luft. In solchen Hexenkesseln behagt es den Rosen natürlich nicht in vollem Sonnenbrand.

Besonders niedrig bleibende Sorten, die den Boden nicht richtig decken, wollen nicht gedeihen. Oft hilft eine gute Bodendecke von verrottetem Kompost. Der Boden wird nicht zu warm, hält die Feuchtigkeit besser, das Bakterienvolk wird nicht totgekocht und die Rosen können leben.

Noch ein Ausweg aus solcher unerfreulichen Lage: man verzichte auf Buschrosen und setze Stämme. Diese sind in der Luft über dem heißen Erdboden und gedeihen oft noch, wo Buschrosen schon längst versagen.

Eine Bodendecke unter den Stämmen ist auch wichtig. Es können aber auch niedrige Stauden sein, die den Boden gegen die Sonne abschirmen. Kletterrosen in solchen Lagen sind oft ein besonderes Schmerzenskind. Besonders Mehltau befällt in solchen Gärten immer wieder die Rosen.“

Rosenschnitt

Die oberste Regel ist, dass man erst im Frühjahr schneidet. Bitte nicht schon im Herbst. Weil: Die Triebe frieren oft im Winter zurück. Das tun lange oder kurze Triebe gleichermaßen. Hat man den Trieb schon gekürzt, muss man im Frühjahr noch weiter zurückschneiden und weniger Augen verbleiben.

Wilhelm Kordes II, 1960 (Das Rosen Buch): „Oft wird im Herbst, wenn man die Winterbehäufelung anbringt, von den Gartenrosen schon die Hälfte von den Trieben des letzten Sommers abgeschnitten. Gewiß, es arbeitet sich leichter, weil der lange hakige Busch nicht mehr kratzt und beißt – aber in jede solche geschaffene Schnittstelle dringt der Frost mit Wonne ein und verrichtet sein Zerstörungswerk. Die Rosen können Schnittwunden an den Trieben meist schlecht abheilen. Sie sind sehr schlechte Kallusbildner, und da diese Wunden ihnen nun am Anfang der Frostzeit zugefügt werden, haben sie auch gar nicht mehr die Zeit, die offenen Leitungsbahnen durch Kork- oder Tyllengewebe zu verschließen."

Schneiden Sie nicht zu früh und nicht zu spät. Zu früh wäre, wenn so starker Frost erwartet wird, dass es zu einem Zurückfrieren kommen könnte. Zu spät ist es, wenn der Austrieb schon deutlich zu sehen ist.

Ganz links unten:
Schnitt von Beet-, Edel- und Zwergrosen: Stark wachsende Sorten werden im Frühjahr auf 5 Triebe mit mindestens 5 Augen zurückgeschnitten. Schwächer wachsende Sorten auf nur 3 Triebe mit 3–5 Augen. Eine dichte Verzweigung und große Trieblänge verweisen auf eine starke Wuchskraft.

Unten Mitte:
Bei den Kleinstrauchrosen lenkt eine guter Schnitt die Wuchskraft in die Blütenbildung um. Sorgen Sie für ein luftiges Gerüst an kräftigen Haupttrieben. Die Seitentriebe nimmt man auf 7 Augen zurück. Dort bilden sich dann blütenreiche kürzere Triebe.

Links:
Kletterrosen: Die Seitenverzweigungen der Haupttriebe werden auf 5–7 Augen zurückgenommen. Stärkere Seitentriebe belässt man und führt Sie zur Flächendeckung ans Gerüst. Über dem Boden werden immer wieder alte Triebe abgeschnitten, damit die Rose nicht vergreist.

Winterschutz

Oben:
Winterschutz bei Beetrosen

Oben rechts:
Winterschutz bei Kletterrosen

Rechts:
Rosen und Wasser werden in der Gartengestaltung gerne zusammen verwendet. Hier ein Blick in den Rosengarten von Kordes mit der roten Kletterrose Amadeus®, eines Rosenhochstämmchens Garden of Roses® und im Hintergrund mit der wunderschönen gelben Golden Gate®.

Edel-, Beet- und Zwergrosen

Die Pflanzen werden vor dem Winter nicht zurückgeschnitten. Nur totes Holz kann man entfernen. Darüber gibt man eine lockere Decke aus Nadelholzzweigen. Sie schützt zusätzlich vor Frost. Wichtiger als der Schutz gegenüber Frost ist, dass Sie die Pflanzen gegen Austrocknen durch Wind und das Auftauen in der Wintersonne schützen. Mehrmaliges Gefrieren und Auftauen lässt die Rinde platzen und richtet großen Schaden an.

Je kälter und rauer das Winterwetter in Ihrem Garten ist, desto aufmerksamer und gewissenhafter müssen Sie den Winterschutz anbringen.

Hochstämme

Die Rosen-Hochstämmchen müssen sehr sorgfältig gegen die Wintersonne geschützt werden. Man kann Nadelholzzweige verwenden. Eine komfortable Möglichkeit ist außerdem Vlies, der um Krone und Stamm gelegt wird. Bitte verwenden Sie nie Luftpolster- oder andere Folie. Darunter staut sich die Feuchtigkeit und führt zu schweren Nässeschäden an den Pflanzen.

Kletterrosen

Eine sehr empfehlenswerte Methode ist, die Kletterrosen an Wänden mit Schilfmatten zu schützen. Der Schutz schirmt Wind und Sonne ab.

Pflegearbeiten

Sommerschnitt

Nach dem Verblühen des ersten Flors, werden die Blütenstände zurückgeschnitten. Bei Edelrosen bis zum ersten Laubblatt, dem ersten fünfteiligen Blatt, dessen Einzelblättchen gleich groß sind. Beet- und Strauchrosen werden direkt unter der Dolde geschnitten, weil dort meist eine gute Knospe für einen kräftigen Folgeflor sitzt.

Wasser

Im ersten Jahr ist es ratsam, auf eine gute Bodenfeuchtigkeit zu achten. Danach sind ausgepflanzte Gartenrosen in der Regel gut in der Lage, sich selbst zu versorgen. Als verholzte Pflanzen sind sie auch nicht ganz so empfindlich. Bitte beachten Sie trotzdem: Auf sandigen Böden, wie wir sie hier im Norden haben, muss in trockenen Perioden im Sommer gewässert werden.

Düngung

Rosen brauchen zur Bildung kräftiger Triebe und reicher Blüte zusätzliche Nährstoffgaben. Die Nährstoffe sollten den Rosen gleichmäßig während der Wachstumszeit zur Verfügung stehen. Für welchen Dünger Sie sich auch immer entscheiden, geben Sie nur so viel, wie auf der Packung angegeben. Ein Zuviel an Nährstoffen führt leicht zu übertriebenem Wachstum und höherer Anfälligkeit für Krankheiten und Schädlinge.

Krankheiten und Schädlinge

Mit der richtigen Sortenwahl muss man sich über Krankheiten in der Regel keine Sorgen machen. Unser oberstes Züchtungsziel bei den Gartenrosen ist die Gesundheit, daher kommen unsere Sorten, außer in seltenen Ausnahmen – bei schlechtem Standort zum Beispiel – ohne Mittel gegen Pilzkrankheiten wie Sternrußtau oder Mehltau aus.

Einzelne befallene Blätter kann man abschneiden und über die Mülltonne entsorgen. Bitte keinesfalls auf den Kompost geben oder im Beet liegen lassen.

Hin und wieder gibt es Jahre oder Monate, in denen die Schädlinge wie Blattläuse oder Spinnmilben überhand nehmen. Wir können hier keine Mittel nennen, weil es jährlich verbesserte Mittel gibt und die alten vom Markt genommen werden.

Wichtig ist, dass Sie sich im Fachhandel gut informieren lassen und dann bitte genauestens den Anweisungen des Herstellers folgen.

Biologischer Pflanzenschutz wird bei Kordes groß geschrieben, in Deutschland, Holland und auch Kenia. Hier sehen Sie die Zucht von Raubmilben, die gegen die Spinnmilbe in den Rosen-Gewächshäusern eingesetzt wird.
Die Spinnmilben werden dabei auf Tomaten und Gurken herangezogen. Nach einiger Zeit setzt man gezielt Raubmilben an die Kulturen. Sie fressen die Spinnmilben und vermehren sich in großer Zahl. Da die Spinnmilben am Morgen, wenn die Pflanzen zu feucht werden nach oben in diese weißen „Wedel flüchten“, laufen die Raubmilben hinterher. Sie fallen in dafür vorgesehene Plastikbehälter und werden morgens „geerntet“ und in die Rosenhäuser gesetzt. So ist es möglich, dass man die Spritzung gegen Spinnmilben fast ganz verhindern kann.

KORDES'

Farben, Düfte, Formen

WEISS

Die Farbe Weiß ist heute eine der Trendfarben bei den Gartenrosen. Weiß ist insofern eine ganz besondere Farbe, weil sie sich überall anpasst. Sie drängt sich nicht in den Vordergrund, harmoniert mit allen Farben und verbreitet den Charme von Unschuld und Reinheit. Eine weiße Beetrose hellt dunklere Bereiche auf, eine weiße Topfrose passt auf jede Tischdecke, auf jede Form und jedes Material einer Fensterbank.

Bernd Helms Kordes: „Weiß gab es früher nur bei Blumen zur Beerdigung. Als ich anfing, gab es einen regelrechten Weißtrend. Eine unserer besten Schnittrosen trägt den Namen Escimo®. Die Menschen können sich den Namen sehr gut merken, weil sie eine Assoziation, ein Bild im Kopf haben. Dasselbe gilt für den Namen Vanilla®, man denkt an Vanilleeis und der Name ist gleich positiv besetzt."

Rechts:
Norma Jeane® – eine der ganz neuen Schnittrosen aus dem Haus Kordes. Die großen Blüten haben einen guten Duft.

Ganz rechts:
Blau und weiß: die weiße Kletterrose Hella® mit blauer Clematis, eine schöne Kombination für Rosenbögen und Klettergerüste. Hella® ist eine ADR-Rose, die durch ihre offenen halbgefüllten Blütenschalen an die legendäre Strauchrose Schneewittchen® erinnert.

Ganz rechts unten:
Ilse Krohn Superior® – ein Klassiker seit 1964, der der tüchtigen „rechten Hand" von Hermann I und Reimer gewidmet ist. Die edelrosenartigen Blüten duften und die Gesundheit der Sorte ist trotz des Alters noch im tolerierbaren Bereich.

Gelb und Orange

Die Sommer- und Sonnenfarben gelb und orange sind sehr beliebt. Sie bringen Sonne in jedes Beet, verbreiten Leichtigkeit und harmonieren besonders gut mit Blautönen, aber auch Grau, Grün und Weiß. Bei rotblühenden Nachbarn scheiden sich die Geister der Gartengestalter. Die einen lieben die Kombination, die anderen lehnen sie kategorisch ab.

Die reichblühende Kletterrose Moonlight® entwickelt große Blüten mit einem schönen Farbspiel. Die kupfergelben Knospen öffnen sich zu hellgelben Blütenschalen, die mit einem rosa Rand verblühen.

Ganz links:
Die charmante Schloss Eutin®, eine Strauchrose und ein Sport von Bremer Stadtmusikanten®. Ein Sport nennen Rosenzüchter eine Farbvariante einer Sorte, die – wenn sie stabil bleibt, zur neuen Sorte werden kann.

Links:
Good Times® – eine haltbare Schnittrose in kräftigem Gelb

Ganz links unten:
Sommersonne® ist eine farbenfrohe Beetrose mit ADR-Prädikat, die gerne in kleinen Gruppen gepflanzt wird. Die Sorte zeigt sich mit edlen Blüten, die immer in Dolden erscheinen.

Rosa

Mitte oben:
Alexandra Princesse de Luxembourg® wurde der luxemburgischen Prinzessin Alexandra zum 18. Geburtstag gewidmet.

Mitte unten:
Cinderella® – eine fruchtig duftende Strauchrose

Dritte Spalte:
Belle Rose® – eine beliebte Kordes-Schnittrose

Vierte Spalte:
Pretty Nina® ist eine der ganz neuen Schnittrosen und der Frau von John Kordes gewidmet

Unten:
Poetry Kordana® – ein Gedicht einer Topfrose

Rosa ist eine der ursprünglichen Farben der Rosen. Im Sortiment finden wir alle Rosa-Tönungen, die man sich vorstellen kann. Rosa passt sehr gut zu Grau, aber auch Rottöne, Violett und Grün sind gut geeignet.

Rosa ist die Farbe des ersten Verliebtseins. Eine Liebe, die noch keine Ansprüche stellt und noch nicht in die Zukunft denkt. Unverbindlichkeit passt als Wort sehr gut dazu.

„Wir haben viele Jahre keine rosa Gartenrosen eingeführt. Das waren die gängigen. Auf der ADR wurde beklagt: rosa, rosa, rosa, in allen Schattierungen. Aber das war eben die Farbe, mit der wir relativ schnell zu gesunden Sorten kamen. Inzwischen hat sich das gewandelt. Heute führen wir wieder rosa Sorten ein, aber wir überlegen gut, damit man wirklich etwas neues bringt. Wenn ich mit Keith Zary, dem weltbekannten und langjährigen Rosenzüchter von Jackson und Perkins, über unser Testungsfeld lief, blieb er immer einmal wieder bei einer schönen rosa Sorte stehen und sagte: JAP. Das war die Abkürzung für Just another pink (nur wieder eine rosa Sorte).“ (Wilhelm III, 2010)

ROT

„Wenn man rote Rosen schenkt, erwartet man mehr." (Bernd Helms Kordes, 2011)

Rote Rosen sind Symbol der unvergänglichen Liebe, der Verbindlichkeit, der Ehrerbietung. Rote Edelrosen haben die klingenden Namen: Grande Amore® oder Schwarze Madonna®.

Im Garten sind rote Rosen immer auffällig, die sind laut. Sie stechen hervor und ziehen die Blicke auf sich. Wunderschön wirken sie zu Weiß, Grün und Rosa.

„Rot ist in der Züchtung eine Herausforderung. Bei Schnittrosen fast noch stärker als bei Gartenrosen. Bei Gartenrosen gab es lange Zeit keine rein roten gesunden Rosen. In den letzten Jahren sind wir auch hier mit einigen guten Sorten gekommen, die selbst im Abblühen nicht verblauen. Roter Korsar® ist ein Beispiel oder Jugendliebe®, um ganz neue Sorten zu nennen.

Alles, was tief dunkelrot ist, also Richtung schwarz geht, hat die Schwierigkeit, dass die Blütenblätter verbrennen. Es gab hier immer wieder Versuche, aber bisher haben wir noch keine befriedigende Sorte im Sortiment." (Wilhelm III Kordes 2011)

Ganz links:
Grande Amore® – eine wunderschöne Schnittrose. Rote edle Schnittrosen rangieren in der Beliebtheitsskala der Kundinnen und Kunden immer noch an oberster Stelle.

Mitte:
Mercedes Kordana®, benannt nach der legendären Schnittrose Mercedes®, eine Edelrose in Miniatur für aufregende Gestaltungen

Links oben:
Rot und weiß – Liebe und Unschuld, wie gut passen diese beiden Farben zusammen. Out of Rosenheim® wurde anlässlich der Landesgartenschau in Rosenheim 2010 feierlich getauft. Die rote Beetrose besticht durch ihre nostagischen und trotzdem wetterfesten Blüten.

Links Unten:
Grande Amore® – die wunderschöne Gartenrose. Viele Namen werden an Gartenrosen und noch einmal an Schnittrosen vergeben – oder umgekehrt.

Mehrfarbige Rosen und Sonderfarben

Mitte oben:
Speelwark® gehört zu den robusteren zweifarbigen Edelrosen, die zudem von der Natur mit einem guten Duft ausgestattet wurde. Die Blüte öffnet sich pfirsichgelb und verblüht rötlich überhaucht.

Mitte unten:
Gartenspaß® – ein gut gewählter Name für eine der farbenfrohsten Beetrosen.

Ganz rechts:
Harlequin® – eine zweifarbige Schnittrose, die gerne von Floristen verwendet wird.

Unten:
Lange erwartet: Novalis® – eine fliederblaue Beetrose, die sich mit großer Gesundheit zeigt.

Mehrfarbige Rosen oder auch Sonderfarben bei den Blüten machen in den Zeitschriften immer wieder große Furore. In den Verkaufszahlen kann man dasselbe nicht immer feststellen.

Es gibt für diese Sorten Liebhaber, aber die ganz großen Stückzahlen sind in Deutschland nicht möglich. Mit wenigen Ausnahmen. In Japan aber zum Beispiel sind zweifarbige Rosen der Renner, ebenso in den USA.

Hier kann man wieder erkennen, dass man die Rosen für die einzelnen Länder gut auswählen muss. Was in Deutschland gerne gekauft wird, muss in Frankreich noch lange kein Verkaufsschlager werden.

EDELROSENFORM

Die klassische Edelform hat über Jahrzehnte den ersten Platz in der Beliebtheitsskala der Deutschen eingenommen. Alle anderen Blütenformen standen dahinter an. Die klassische Form wurde in der Werbung für allerlei Produkte verwendet, Parfüms, Likör, Kosmetik, aber auch Dünge- und Pflanzenschutzmittel. In den 1990er Jahren setzen sich dann mehr und mehr die nostalgischen Formen durch und verwiesen die Edelform auf den 2. Platz. Heute erlebt die Edelform wieder einen Vorwärts-Trend.

In der Züchtung gelang es lange Zeit nicht, gesunde Sorten mit der klassischen Edelform zu züchten. Mittlerweile hat Kordes einige sehr gute und gesunde Rosen selektiert und eingeführt. Beispiele sind: die rote Grande Amore®, die rosa Wedding Bells® und die gelbe Sunny Sky®

Ganz links:
La Bamba® – der richtige Name für eine so farbenfrohe Schnittrose.

Mitte oben:
Edelrosenformartige Blüten und ein reicher Blütenansatz zeichnet Vulcano Kordana® aus.

Mitte unten:
Grande Amore® – diese Edelrose für den Garten trägt ihren Namen zu Recht: Hier stimmen Farbe, Form und Blüte bestens zum Namen.

Unten:
Elegante Form, volle Blüten, leicht verspielte Blütenblätter – eine gute Wahl für das Brautbouquet einer Märchenhochzeit. Daher der Name Wedding Bells®.

Nostalgische Rosen

Mitte oben:
Nostalgie pur: KOSMOS® duftet zudem in den wärmeren Gebieten Deutschlands

Mitte unten:
Rotkäppchen® – ein leicht zu merkender Name für eine Beetrose, die wegen der farbstabilen, dunkelroten, nostalgisch stark gefüllten Blüten gefällt.

Ganz rechts:
Das ADR-Prädikat, die charmanten überhängenden Blüten und die pomponartige Blütenform lassen bei Larissa® die Herzen der Rosenfreunde höher schlagen.

Unten:
Home & Garden® ist eine überaus reichblühende Beetrose.

Seit Jahren hält sich der Trend zu nostalgischen Rosen. Sie haben der klassischen Edelrosenform den Rang abgelaufen. Die Nostalgischen Rosen werden oft als Synonym für Englische Rosen verwendet. Das ist in der Begrifflichkeit falsch. In England werden auch alle anderen Formen gezüchtet und angeboten und die deutschen Züchter haben mittlerweile fantastische nostalgische Sorten im Sortiment, die zudem an unsere Klimaverhältnisse angepasst sind.

England hat eben doch ein wesentlich milderes Klima als viele deutsche Bereiche. Dort überleben während der Test- und Selektionsphase Rosen, die bei uns von der Mutter Natur natürlicherweise ausselektiert werden. Sie erfrieren in einem strengen Jahr und kommen erst gar nicht in den Handel.

GEFÜLLTE UND HALBGEFÜLLTE ROSEN

Halbgefüllte bis gefüllte Rosenblüten gibt es in allen Farben und Größen. Ob bescheidene Beetrose oder himmelsstürmende Kletterrose, in jeder Rosengruppe findet man die Form.

Als halbgefüllt gelten Rosen, die nicht mehr als 25 Blütenblätter entwickeln. Haben sie mehr, gehören sie in die Gruppe der gefüllt blühenden Rosen.

Ganz links:
Wie kleine Diamanten präsentieren sich die halbgefüllten Blüten der Kleinstrauchrose Diamant®.

Mitte oben:
Die grün rosa gefüllten Blüten der Schnittrose Pitahaya® sind schon etwas ganz Außergewöhnliches.

Mitte unten:
Der aufrechte Wuchs erinnert an eine moderne Edelrose, die kugelförmigen Blüten geben ihr ein historisches Flair: Die zart duftende La Perla®.

Unten:
Wunderschöne Farbkombination aus den purpurvioletten halbgefüllten Blüten von Purple Rain® mit Phlox und Schafgarbe.

Einfache Blüten, Sonderformen

Einfache Rosen passen sehr gut in naturnahe Gärten. Die Hagebutten sind ein Segen für die Tierwelt und verzaubern den Garten auf ganz eigene Weise mit ihrem Fruchtschmuck. Diese Form spielt im Handel keine große Rolle. Aber es gibt ausgemachte Liebhaber für diese Form.

Rosenblüten mit Sonderformen sind Liebhaberrosen. Bei den Schnittrosen werden sie für extravagante Sträuße und Gestecke gerne verwendet. Im Garten setzt man sie bevorzugt an einen herausgehobenen Platz, zur Betonung von Gartenecken oder in Topf und Kübel ein.

Mitte oben:
Offene Blüten, Blütenreichtum und Gesundheit – die Zwergrose Lupo®.

Mitte unten:
An der Blüte der Schnittrose Ranuncula® scheiden sich die Geister. Die einen lieben sie, die anderen wollen sie nicht einmal anrühren.

Rechts oben:
Dolomiti® – eine der brandneuen Züchtungen von Kordes.

Rechts unten:
Immer wieder gibt es Sonderformen: Pomponella® gehört dazu.

Unten:
Wenn Bajazzo® ihre großen einfachen Blüten öffnet, zieht sie die Blicke unweigerlich auf sich.

Duftrosen

Duftrosen gehören zu den bestverkäuflichsten Sorten überhaupt. Eine Rose, die duftet, ist einfach mehr. Je wärmer das Gebiet ist, in dem eine Rose angebaut wird, desto mehr Duft entfaltet sich – in der Regel. So kann es sogar vorkommen, dass in Stuttgart eine Rose duftet, die im hohen Norden bei der Firma Kordes keinen Duft entwickelt.

Von Wilhelm II ist überliefert, dass er die Rosenblüte unter seinen Hut legte und nach einiger Zeit hervorholte, um den Duft zu testen.

„Wenn eine Sorte duftet, dann ist es immer gut für den Verkauf. Nicht für jeden ist eine Duftrose aber das Richtige. Dem einen ist der Duft das Wichtigste, dem anderen, dass eine Rose dauerhaft reich blüht. Außerdem duften Rosen zu verschiedenen Tageszeiten und in verschiedenen Klimaten unterschiedlich. Nicht immer sind das die Zeiten, in denen man in den Garten geht." Wilhelm Kordes III, 2011

Ganz links:
Beliebt wegen des Duftes, der Zuverlässigkeit und langen Blütezeit. Die Strauchrose Lichtkönigin Lucia® ist seit über 45 Jahren im Sortiment.

Mitte oben:
Formvollendete Blüten, extravagante Blütengröße und der berauschende Duft: Beverly® erfreut sich großer Beliebtheit.

Mitte unten:
Laguna® ist eine stark duftende Kletterrose mit wunderschön geformten Blüten mit starker Füllung.

Unten:
Jasmina® mit gutem Duft gewann das ADR-Prädikat 2007 und gehört in die Gruppe der Klettermaxe.

ADR

Die ADR-Prüfung (Allgemeine Deutsche Rosen-Neuheiten-Prüfung) ist eine ganz besondere Prüfung und sucht in der Welt ihresgleichen. Sie gilt als die strengste Rosenprüfung der Welt. ADR-Rosen werden an 11 Standorten in Deutschland nach einem festvorgeschriebenen Schema über drei Jahre geprüft. Ein Schwerpunkt dieser Prüfung liegt auf der Gesundheit. So kann sich der Gartenfreund gewiss sein, dass er mit einer ADR-Rose eine vielseitig getestete Rose kauft.

Wilhelm Kordes II gilt als einer der Väter der ADR. Wilhelm erkannte früh, dass die zahlreichen Sorten einklassifiziert werden mussten, um die Kunden in der Wahl der richtigen Sorte zu unterstützen. 1948 betraute der Vorstand des Bundes deutscher Baumschulenbesitzer (BdB) Wilhelm II mit der Leitung des BdB-Ausschusse für Züchtungsfragen. Er erkannte schnell, dass Rosen an verschiedenen Standorten getestet werden mussten, damit man ein Gesamtbild der Sorten-Qualität entwickeln kann. Fünf Standorte wurden als ADR-Prüfungsorte gefunden und schon 1948 wurden die ersten Rosenpflanzen zur Prüfung eingeschickt.

Im Laufe der Jahrzehnte wurde die Prüfung in mehreren Schritten verschärft und die Kriterien angepasst. Die Widerstandsfähigkeit gegen Krankheiten gewann dabei immer größere Bedeutung. Zuletzt in 2011.

Ohne zu sehr in Lob zu verfallen: Aber man kann den Weitblick und die fachlichen Kenntnisse von Wilhelm II gar nicht hoch genug ansetzen. Kordes setzt die Tradition ihres Großvaters fort. Die Gartenrosen werden so selektiert, dass sie die gewünschte Gesundheit mitbringen. Der ADR-Maßstab wird auch in der Selektion bei Kordes angewendet.

ADR-Prüfer im Jahr 2009 bei der Beurteilung in Thiensen.

ADR-Rosen von Kordes (Stand 2011)

Kleinstrauchrosen: Bad Birnbach®, Bad Wörishofen®(2005), Black Forest Rose®, Blühwunder 08®, Diamant®, Dolomiti®, Escimo®, Fortuna®, Gärtnerfreude®, Innocencia®, Juanita®, Knirps®, Larissa®, Maxi Vita®, Neon®, Palmengarten Frankfurt®, Pink Bassino®, Sommerabend®, Sunny Rose®

Beetrosen: Aprikola®, Bengali®, Cherry Girl®, Garden of Roses®, Gebrüder Grimm®, Gelber Engel®, KOSMOS®, Lions-Rose®, Petticoat®, Planten un Blomen®, Pomponella®, Rosenprofessor Sieber®, Rotilia®, Schöne Koblenzerin®, Solero®, Sommersonne®, Sommerwind®, Sunstar®, UNICEF-Rose®

Strauchrosen: Angela®, Bonanza®, Burghausen®, Felicitas®, Goldspatz®, Lichtkönigin Lucia®, Postillion®, Rosenresli®, Roter Korsar®, Rugelda®, Westerland®

Edelrosen: Eliza®, Grande Amore®, La Perla®, Souvenir de Baden-Baden®

Kletterrosen: Bajazzo®, Dortmund®, Flammentanz®, Golden Gate®, Hella®, Jasmina®, Laguna®, Manita®

Zwergrosen: Charmant®, Flirt 2011®, Lupo®, Pepita®, Roxy®, Sonnenröschen®

Gesunde Gartenrosen: Das ist ein Hauptzüchtungziel von Kordes. Wie konsequent das Haus seinen Weg geht, lässt sich leicht an der Anzahl der ADR-Rosen festmachen. Unter den heute insgesamt 181 ADR-Rosen sind 68 Sorten von W. Kordes' Söhne (Stand September 2011).

Oben:
Rein gar nichts ist gewöhnlich an der Golden Gate®: Die äußerst gesunde Kletterrose, zu dem in Gelb mit Duft, machte sich in 2006 schnell einen Namen in der Rosenszene.

Links oben:
Gärtnerfreude® gehört zu den beliebtesten Rosen im Sortiment. Sie gewann das ADR-Prädikat 2001.

Links Mitte:
Die weiße Beetrose Petticoat®, eine ADR Rose aus dem Jahr 2004, entwickelt einen guten Duft.

Links unten:
Die kerngesunde Roxy® zählt zur Gruppe der Lilliputs® und gewann ADR in 2008.

Meilensteine

Schnittrosen

„Kordes hat nie Umsatz zugekauft. Wir sind immer aus uns selbst herausgewachsen. Das ist natürlich nicht sehr börsenorientiert, aber da wollen wir auch nicht hin."

Tim-Hermann

Nachfolgend finden Sie wichtige Rosensorten, die wir als Meilensteine betrachten. Natürlich gibt es noch viele weitere Sorten, die wir hätten erwähnen wollen und müssen, denn die meisten waren für uns wichtig und bedeutungsvoll, aber das würde den Rahmen dieses Buches sprengen.

Mercedes®

Reimer Kordes, 1994, über das Jahr, in dem Mercedes® gefunden wurde: „Auf dem Saatbeet hatten wir damals nicht sehr viele Sämlinge, aber es gab gute Farben dazwischen. „Sie" stand halbrunter im Haus auf der linken Seite. Diese Farbe war das Nonplusultra, sie leuchtete. Die Sorte sah sehr gut aus, hatte weniger Stacheln und war haltbar. Alle Vorzüge waren da. Im Sommer wurde jede Ecke für Mercedes® genutzt und so hatten wir über 300.000 Augen. Mercedes® wurde großflächig in Holland angebaut und für den internationalen Markt geschnitten. Später kamen Produktionsländer wie Israel dazu.

Ein großer Name für eine große Rose: Der Meilenstein in der Schnittrosen-Züchtung von Kordes Rosen war Mercedes®. Mercedes® kennzeichnet den Durchbruch der Firma Kordes bei den Schnittrosen.

Unten:
Die legendäre Mercedes®

Unten Mitte:
Die gelbe Frisco®

Unten rechts:
Duett® aus dem Jahre 1999

Mercedes® bezauberte nicht nur durch die leuchtende und noch nie da gewesene Farbe, sondern man konnte sie wesentlich preiswerter nach Deutschland holen. Es passten 300 Stiele in einen Karton, bei anderen Sorten waren es nur 90. Die verminderten Transportkosten führten zu einem geringeren Verkaufspreis und auf einmal konnten Schnittrosen auch in Supermärkten angeboten werden. Mercedes® wurde eine Rose für alle und zur Freude von jedermann.

Die Einnahmen wurden wieder in die Firma investiert. Die Kühlhäuser, die große Sortierhalle und ein Züchtungsgewächshaus wurden so gebaut. Und das Unternehmen konnte seine Bedeutung weiter ausbauen.

Frisco®

1985 kam Frisco®. Wunderschön zitronengelb mit mittelgroßen Blumen. Schnell eroberte sich die Sorte den größten Marktanteil bei den kleinblumigen Schnittrosen in Holland. Frisco® mutierte gerne: Amore®, Rodeo® und Abracadabra® wurden als Frisco-Mutationen beliebt und gerne gekauft.

Bis 2000

Escimo® kam 1989 und lancierte schnell zur besten weißen Sorte. Lambada® in leuchtend Lachsorange kam 1990.

Golden Gate® überzeugte ab 1996 schnell durch ausgezeichnete Haltbarkeit und eine intensive gelbe, sehr stabile Farbe.

Ab 1996 lenkte man das Augenmerk von den kleinblumigen zu den mittel- und großblumigen Sorten.

Oben links:
Die weiße Athena® von 2006

Oben Mitte:
Maracuja® – eine aktuelle Schnittrose in auffälliger Sonderfarbe

Oben rechts:
Pepita® – eine handelsübliche Spray-Rose mit Blütendolden

Ein weiterer Meilenstein war Duett®, 1999, die mit ihren wunderschön nostalgischen Blüten in Cremefarben rosa überhaucht den Schnittrosenmarkt verzauberte.

Ab 2000

Heute sind es Dekora® (2005) mit einer sehr guten Haltbarkeit von bis zu 16 Tagen und Athena® (2006), die nicht nur durch ihre cremefarbene Blüte, sondern auch durch ihre hohe Produktivität überzeugt. Red Giant® (2001) hält ihre tiefrote Farbe gut und besticht durch ihre intensive Leuchtkraft. Ebenso rot ist Red Ribbon®, die durch die elegante, großblumige Knospe gefällt.

Norma Jeane® ist eine der ganz neuen Sorten mit einer riesengroßen Blüte und gutem Duft.

» Die Rosen, die mehr Farbe zeigen, ich sage gerne die Cup-shaped-Rosen, sind für den Handel sehr interessant. Die Sträuße sind einfach farbiger. Rosen, die die klassische high-center-Form zeigen, sind oft geschlossen und bleiben eigentlich hinter ihren Möglichkeiten zurück. «

BERND HELMS KORDES

Trennung von Schnittrosen und Gartenrosen

„Schon früh bin ich mit Pflanzen und Blumen in Berührung gekommen, da meine Eltern einen Gartenbau- und Floristikbetrieb führten. Die vielfältigen Gestaltungsmöglichkeiten mit Blumen begeisterten mich und so erlernte ich den Beruf der Floristin. Als sich die Frage stellte, ob ich den elterlichen Betrieb übernehmen möchte, lehnte ich ab. Gerne wollte ich mehr künstlerisch tätig sein und wechselte in die Werbebranche. Durch die Heirat mit Tim verspürte ich den Wunsch, die Betriebsabläufe bei Kordes besser kennenzulernen und absolvierte ein Praktikum in verschiedenen Abteilungen des Außenbetriebes. Ich entdeckte vielfältige Möglichkeiten, meine floristischen Begabungen und die Erfahrungen aus der Werbebranche in die Firma mit einzubringen. Es bereitet mir heute viel Freude die Messen mit Standgestaltung und Aufbau zu planen, die Fototermine für gestaltete Bilder zu organisieren und dafür zu sorgen, dass die Büroräume und Verkaufsflächen mit schönen Rosengestecken geschmückt sind.“

Wiebke Kordes, 2011

Die Züchtung von speziellen Schnittrosensorten, wie sie uns heute täglich beim Floristen begegnen, ist kaum älter als fünf Jahrzehnte. Auch in der Zeit davor hat es natürlich schon Gärtner gegeben, die Rosen in Treibhäusern für den Schnitt kultivierten, doch waren dieses Sorten, die eigentlich für das Freiland gedacht waren – eine Unterscheidung nach Garten- und Schnittrosen wie wir sie heute treffen, kannte man vor 1960 noch kaum.

Mit der Teehybride – also der Edelrose wie wir sie auch nennen – die als höchstes Schönheitsideal der Rosenzüchtung zur Mitte des 20. Jahrhunderts galt, entstanden immer mehr Sorten, die auch ideale Voraussetzungen für eine Nutzung als Schnittrose boten. Es war also nur noch ein kleiner Schritt, auch speziell für diese Verwendung zu züchten, um die gewünschten Eigenschaften noch weiter zu optimieren. Einige Rosenzüchter gingen diesen Weg und auch im Hause Kordes kann man in den 1960er Jahren eine beginnende Trennung zwischen den beiden Bereichen erkennen. Einige frühe Sorten – wie z. B. 'Anabell®' (1972) oder 'Prominent®' (1971) wurden noch auf beiden Märkten angeboten, das heißt sie dienten sowohl als Garten- wie auch als Schnittrose.

Spätestens mit dem Welterfolg der legendären 'Mercedes®' (1974) wurde deutlich, wie sehr sich die Märkte unterschieden. Die Trennung macht sehr viel Sinn, da die speziellen Eigenschaften, die sich ein Erwerbsgärtner von einer Schnittrose wünscht, nicht unbedingt mit denen übereinstimmen, die ein Gartenbesitzer von seinen Rosen erwartet.

Tim-Hermann: „Bei den Schnittrosen muss man erst dem Produzenten alles Recht machen. Haltbarkeit, Produktion, Transporteigenschaften sind extrem wichtig. Die Wünsche der Endverbraucher kommen immer erst danach.“

Das Schnittrosen-Geschäft wird immer schneller. War Mercedes fast 20 Jahre ein Bestseller, so werden die Schnittrosen-Sorten heute nach 4–5 Jahren ausgetauscht.

„Ein Gärtner will auch eine neue Herausforderung. Oftmals sind es kleine Forscher, die das maximale aus der Natur herausholen wollen. Wenn man fünf Jahre dasselbe gemacht hat, dann will man auch einmal etwas Neues. Wenn man etwas Neues hat und es als Erster gut anbieten kann, dann ist die Möglichkeit groß, gute Preise zu erzielen. Und das ist immer wieder die Herausforderung, die sich unsere Kunden gerne stellen und bei denen wir ihnen gerne behilflich sein wollen.“ (Tim-Hermann Kordes)

GARTENROSEN

Im Folgenden finden Sie – ähnlich wie bei den Schnittrosen nur einen Auszug aus dem Sortenspektrum.

Crimson Glory – der erste ganz große Erfolg

Crimson Glory aus dem Jahre 1935 trug den Namen Kordes um die ganze Welt. Die karminrote Teehybride mit betörendem Duft ließ neue Verbindungen zu Rosenfirmen in vielen europäischen Ländern, aber auch Südafrika, Japan und Australien entstehen.

Frühlingsgold

Bis heute hat sich diese früh- und reichblühende, aber nur einmal blühende Sorte im Sortiment gehalten, wird aber nur in kleinen Stückzahlen verkauft. Sie wurde 1937 auf dem Markt eingeführt und mit ihr wurde eine neue Strauchrosengruppe geboren, die Frühlingssorten.

Kordes´ Sondermeldung

1950 brachte Kordes´ Sondermeldung einen ganz neuen Farbton ins Sortiment: Zinnoberscharlachrot – bis dahin nicht bekannt. Wieder ein Meilenstein in der Entwicklung der Rosenzüchtung. Und um Monsieur André Leroy, Paris-Bagatelle, den ehemaligen Chef de la Division du Bois de Boulogne aus dem Jahr 1962 zu zitieren: „Diese deutsche Sorte hat mitten im Kriege trotz aller widrigen Umstände die „Goldene Medaille im Internationalen Rosenneuheitenwettbewerb in Bagatelle (1943) erhalten. Sie war eine Revolution in der Farbenwelt der Rosen, und seit 1945 sind eine große Zahl von geranienroten Rosen aus ihr gezüchtet worden."... „Man darf wohl behaupten, daß alle Rosenzüchter der Welt Pollen dieser Rose benutzt haben, und wir verdanken ihr, direkt und

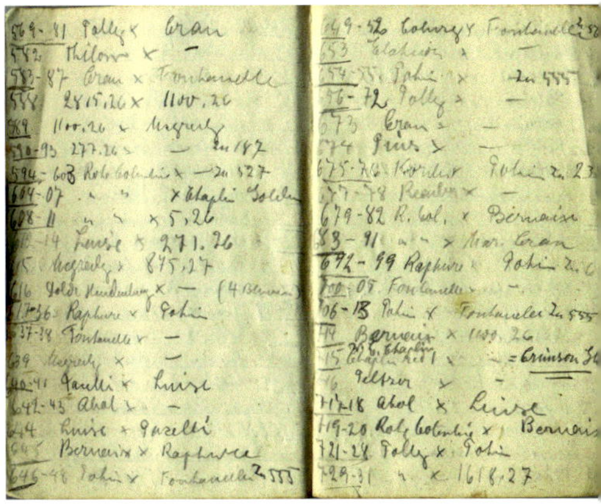

Oben:
Auszug aus dem Kreuzungsbuch von Wilhelm II. In der Mittel sieht man Crimson Glory

Links:
Kordes Sondermeldung war eine Farb-Revolution in der Rosenwelt.

Unten:
Die Sorte Frühlingsduft gehört zu der Strauchrosengruppe der Frühlingssorten.

> „Ich kann mir überhaupt nicht mehr vorstellen, einen Schreibtischberuf zu haben."
>
> Wilhelm-Alexander Kordes, 2011

Unten:
Dortmund® eine Kordesii-Züchtung

Ganz unten:
Kordes Perfecta – eine Weltsorte, die auch in den USA große Erfolge feierte.

indirekt, die gesamten schönen Rosen der letzten 15 Jahre – endend mit „Baccara" – „Super Star"..."

Kordesii-Züchtungen

In 1954 kamen die ersten Kordesii-Züchtungen in den Handel. Gesunde, dauerblühende Strauch- und Kletterrosen, die zudem mit außergewöhnlicher Frosthärte überzeugen. In diese Gruppe gehören Illusion®, Dortmund®, Wilhelm Hansmann, Hamburger Phoenix und Raymond Chenault mit roten Blüten, Ritter von Barmstede, Köln am Rhein als rosa Sorten, die gelbblühende Leverkusen® und die weiße Ilse Krohn®. Die letzte wurde zu Ehren der ersten Sekretärin von Hermann I und später Reimer Kordes benannt.

Kordes Perfecta® und Gail Borden

1957 kamen zwei weitere Weltsorten auf den Markt: Kordes Perfecta® und Gail Borden. Mathias Tantau, 1962: „Die züchterische Laufbahn in Edelrosen krönte und beendete Wilhelm Kordes mit seinem größten Edelrosenerfolg, mit seiner „Kordes' Perfecta®". Er selbst bezeichnet sie als die perfekteste Rose, die er je gezüchtet hat. Diese Schöpfung ist mischfarbig lachsrosa auf goldigem Grund, die Knospe ist außergewöhnlich groß und öffnet sich nur sehr langsam zu einer auffallend edlen Riesenblume. In den USA wird nicht jede deutsche Rose eingeführt, aber Kordes' Perfecta® wurde dort in jeder Hinsicht eine außergewöhnliche Schlagersorte. „

Auf dem Höhepunkt seines züchterischen Schaffens zog sich Wilhelm II langsam zurück. Er stand seinem Sohn weiterhin zur Seite, widmete sich aber anderen Dingen, besonders der Sichtung der Flieder- und Zierapfel-Sortimente. Sein Bruder Hermann hatte diese Exemplare aus vielen Teilen Europas zusammengetragen und aufgepflanzt.

Schneewittchen®

Wer kennt sie nicht, die beliebte weltbekannte Schneewittchen® aus dem Jahre 1958. Sie ist legendär und wird rund um den Erdball vermehrt. Der bekanntere internationale Name ist Iceberg®. Der unermüdliche Dauerblüher, hitzeverträglich und mit zartem Duft wurde 1983 zur Weltrose gekürt.

Lilli Marleen®

Wieder eine Weltsorte. Der Name zu Ehren einer hoffnungsfrohen und traurigen Dame, die jahrelang unter der Laterne auf ihren Liebsten wartet und dabei ihr trauriges Lied singt. Ein Klassiker, diese samtig feuerrote Beetrose, deren haltbare Blüten nicht verblassen. Allerdings erfüllt diese Sorte nicht mehr die heutigen Ansprüche an die Gesundheit und wird nur noch für optimale Standorte empfohlen.

Die Jahre 1964 bis 1970

Da die Züchtungsarbeit immer umfangreicher wurde, stieg auch die Anzahl der marktfähigen Sorten immer stärker an. 1964 kam die rote Sympathie®in den Handel, eine der bedeutungsvollsten Kletterrosen über viele Jahre.

1966 wieder ein Meilenstein Lichtkönigin Lucia®: eine kräftig zitronengelbe Strauchrose, die Hitze verträgt und auffallend reich blüht. Mit dieser Sorte wurde viel weitergekreuzt.

Und 1969 die bis heute sehr beliebte Strauchrose Westerland®, eine wunderschöne Rose mit einem phantastischen Farbenspiel in Bernsteinfarben, Lachs und Apricot. Außerdem zeichnen sie haltbare Blüten, Hitzeverträglichkeit und starker Duft aus. Die Gesundheit der Sorte genügt auch heute noch den Ansprüchen von Kordes.

In den 60iger-Jahren tauchen die ersten Rosen auf, die Namen von bekannten öffentlichen Personen tragen, wie die karminrote Peter Frankenfeld® (1966).

1971 bis 1990

In diese Jahre fallen viele Rosen zu Ehren von Persönlichkeiten. Ferry Porsche, 1971, Helmut Schmidt®, 1979, eine leuchtend zitronengelbe Edelrose mit starkem Duft und edlen, sehr großen Blüten.

Königin Beatrix®, 1983, „eine zauberhafte Rose, der liebenswerten Königin der Niederlande gewidmet", so wird sie im Kordes Katalog von 1983 beschrieben. Eine Edelrose mit berauschendem Duft in leuchtender Pfirsichfarbe mit Kupferton.

Konrad Henkel®, 1983. „Eine Firstclass-Rose, schönste rote Teehybride für Schnitt und Garten! ... Dem verdienten Wirtschaftsführer Herrn Dr. Konrad Henkel zu seinem 75. Geburtstag gewidmet", so ist es im Katalog von 1983 nachzulesen.

Auch Bonanza® kam 1983 auf den Markt. Diese leicht duftende Strauchrose überzeugt durch ein wundervolles Farbspiel in Leuchtendgelb mit rotem Hauch.

Die rote Edelrose Aenne Burda (1973), zu Ehren der bekannten Konzernchefin, Funkuhr®, eine Vierfarbenrose, und die blutrote Henkell Royal tragen berühmte Namen.

Der Katalog 1971 kündigte dann auch die duftende leuchtend lachsorangerote Beetrose Uwe Seeler® an, die ein Elternteil der legendären Mercedes® ist.

Ganz oben links:
Unerreichtes Schneewittchen®

Ganz oben rechts:
Lichtkönigin Lucia® wurde nach dem schwedischen Brauch in der Vorweihnachtszeit benannt.

Oben links:
Lilli Marleen®, der Name hätte nicht besser gewählt werden können.

Oben rechts:
Uwe Seeler® – ein Elternteil von Mercedes

Ganz oben:
Die Start-Sorte für die Rosen-Gesundheit ist Knirps®.

Ganz oben rechts:
Gesunde und charmante Lions-Rose® gehört zu den meist verkauften Beetrosen.

Oben:
Auch Aprikola® gehört zu den gesündesten Beetrosen.

Oben rechts:
Mit Roxy® hatte sich die gesunde Linie dann auch in den Zwergrosen durchgesetzt.

1991 bis heute

In den 1990er Jahren kam das Umdenken in der Züchtung: Die Testfelder wurden nicht mehr gespritzt und bei Kordes wurde streng nach dem obersten Ziel „Gesundheit" selektiert.

Die rosafarbene Kleinstrauchrose Knirps® war eine der ersten kerngesunden Rosen und ist Elter von vielen weiteren gesunden Kordes Rosen.

Das Ergebnis der strengen Selektionsmethoden wurde ab 2000 durch immer mehr Kordes ADR-Rosen sichtbar. Von 2000 bis 2010 waren unter den insgesamt 110 prämierten ADR-Sorten, allein 47 von Kordes. Die Beetrosen Aprikola®, die Gute-Zweck-Rose Lions-Rose® und die weltbekannte Bad Birnbach®, die in Frankreich Bonapart, in Australien Busy Bee, in Südafrika Salmon Sunsation und in den USA Electric Blanket heißt.

Bei den Edelrosen sind Meilensteine in der Gesundheit die duftende und sehr gesunde Eliza®, die Goldmedaillen bei den internationalen Wettbewerben in Dublin und Belfast gewann und die tiefrote Grande Amore®, die 2005 mit der Trophée Prestige de la Rose in Lyon ausgezeichnet wurde. Bei den Kleinstrauchrosen sind es zum Beispiel Sunny Rose® in Gelb und eine der meistverkauftesten Gartenrosen Gärtnerfreude® in Rot. Mit der roten Kleinstrauchrose Apache®, dem roten Gegenstück zu Escimo®, schaffte es zum ersten Mal eine Kleinstrauchrose auf dem Rosen-Neuheitenwettbewerb in Baden-Baden, die Goldene Rose zu gewinnen (2009). Noch nie wurde vorher eine Kleinstrauchrose mit diesem begehrten Preis ausgezeichnet. Bei den Kletterrosen brachte Kordes mit Golden Gate® eine kleine Sensation. Diese Sorte zeigt nicht nur eine gute Belaubung von unten bis oben, sondern überdies eine nie dagewesene Gesundheit in der Blütenfarbe Gelb.

Waren es zuerst die Kleinstrauch- und Beetrosen, die mit vielen gesunden Sorten aufwarten konnten, hat die Kordes-Züchtung mittlerweile einige gesunde Zwergrosen in den Markt eingeführt und 6 Sorten haben bereits das wertvolle ADR-Prädikat erhalten: Charmant®, Flirt® 2011, Lupo®, Pepita®, Roxy® und Sonnenröschen®.

DIE TOPFROSEN

Die Topfrosen haben noch eine relativ junge Tradition bei Kordes. Erst in den 1990er Jahren begann der konsequente Aufbau dieses Segmentes. Mit Vanilla Kordana® wurde Kordes weltweit für seine Topfrosen-Züchtung bekannt und schob sich schnell auf einen der Spitzenplätze in der Weltrangliste. Heute gibt es sehr gute und haltbare Topfrosen in fast allen Formen und Farben.

» Ich bin der Außenminister der Firma. «

BERND HELMS KORDES

Ganz Links:
Heute gibt es Topfrosen in allen Formen und Farben. Impala Kordana® überzeugt durch gute Füllung, zauberhafte Blüten und einen ungewöhnlichen Farbton.

Links:
Apache Kordana®

Links unten:
Durch Vanilla Kordana® wurde Kordes im Topfrosen-Sektor weltberühmt. Vanilla Kordana® zeigt eine bis dahin nie gekannte Langlebigkeit und bezauberte durch ihren Mini-Edelrosen-Charme.

W. KORDES' SÖ

BEGEGNUNGEN, GESCHICHTEN,

Menschen

ROSEN-TAUFEN

» Wilhelm II scherte sich nicht sehr um die Meinung der anderen. Ich weiß noch, dass ich bei einer Rosentaufe meinen schönen Hut auf hatte und Wilhelm II kam von hinten und stellte sich neben mich. Er hatte einen kranken Fuß, der nicht in den normalen Schuh passte, also hatte er einen Hausschuh angelassen. Das war mir als junge Frau natürlich etwas peinlich, ihm aber gar nicht und ich bewunderte ihn dafür. «

ILSE KORDES, 2010

Mercedes® *wurde 1973 eher unspektakulär getauft. Von links nach rechts: Marianne Kordes, Alfred Eggers, Reimer, Anneliese, Hermann II und Werner Kordes.*

Helmut Schmidt® *Die Rosentaufe fand auf der Bundesgartenschau in Bonn 1979 statt. Hier mit Loki Schmidt, Helmut Schmidt und rechts Reimer Kordes.*

Königin Beatrix® *Die Taufe von der Rose Königin Beatrix® 1983 mit von links nach rechts Stadtgartendirektor Henk Bos, Marianne Kordes, Reimer Kordes, eine Vertreterin des Königshauses, die anderen Personen sind leider nicht mehr benennbar.*

Berolina® *Die Schauspielerin Mona Seefried sollte die Rose während der Hallenschau für Rosen auf der Bundesgartenschau in Berlin taufen. Leider hatte niemand etwas organisiert. Es gab keinen Sekt und kein Taufgefäß. Schnell organisierte Reimer Kordes souverän einen Plastikbecher mit Wasser, damit die Zeremonie endlich stattfinden konnte.*

Taufe Mercedes®

Taufe Helmut Schmidt®

Taufe Königin Beatrix®

Taufe Berolina®

Taufe Mariandel®

Taufe Christel von der Post®

Taufe Dornröschenschloß Sababurg®

Mariandel® *„Ich habe mich gesträubt, dass eine Sorte nach mir benannt wurde, ich will nicht so im Vordergrund stehen. Aber eines Tages kam mein Mann nach Hause und sage: So. Diese Sorte heißt jetzt Mariandel. Das habe ich dann akzeptiert. Es gab zu dieser Zeit auch das bekannte Lied Mariandel, daher war es dann ok für mich." Marianne Kordes, 2010*

Christel von der Post® *„Bei Christel von der Post kam eine Anfrage von der Post. Es musste eine postgelbe sein und wir schlugen vor: Ok, dann muss sie Christel von der Post heißen. Und dann hieß sie auch so." Wilhelm Kordes, 2011*

Dornröschenschloß Sababurg® *Das wunderschöne Schloss im Reinhardswald in Nordhessen stammt aus dem Mittelalter und wird auch das Grimmsche Märchenschloss genannt. In dieser halb verfallenen efeuumrankten Schlossanlage kann man sich gut das Märchen Dornröschen vorstellen. 1959 wurde das über 600 Jahre alte Gemäuer durch die Familie Koseck wach geküsst. Es birgt jetzt ein Hotel mit einer Sammlung historischer Rosen und Kräutern, wobei halb verfallenes Gemäuer und die waldreiche Umgebung den Charme dieses Gebäudes ausmachen. Jedes Paar, das auf dem Schloss heiratet, bekommt 3 Dornröschenschloss Sababurg-Rosenpflanzen geschenkt.*
Dornröschen taufte die Rose mit den Worten: „Ich taufe Dich auf den Namen Dornröschenschloss Sababurg, der Prinz fügte hinzu: „Nach dem Ort, an dem ich Dornröschen nach dem hundertjährigen Schlaf wach küsste". Bei diesen Worten ließen Dornröschen und ihr Prinz gemeinsam den Sekt über die Rosen perlen.

Gräfin Sonja® *„Gräfin Sonja Bernadotte besuchte uns anlässlich unseres 100-jährigen Betriebsjubiläums. Während der Feier fuhren mein Mann und ich mit ihr zum Rosenneuheitenfeld. Dort suchte sie sich „ihre" Rose aus. Wir beiden Frauen waren in „Highheals" unterwegs. Gräfin Sonja stöckelte mit ihren roten Pumps über den Acker und so traute ich mich nicht, meine Ersatzschuhe anzuziehen. Das war natürlich das Ende für meine teuren Designerschuhe.*
Zur Rosentaufe lud Gräfin Sonja meinen Mann und mich zu einer Rosensoiree ins Schloss der Insel Mainau ein. An diesem Abend gründete sie ihre Gartenakademie. Der Taufakt fand später am Abend im italienischen Rosengarten statt, in den wir Gäste mit leuchtenden Laternen zogen." (Ute Kordes)

Taufe Gräfin Sonja®

Taufe Hansapark®

Taufe Hamburger Deern®

Hansapark® *Michael Schanze tauft Hansapark® am 22. 7. 1994.*

NDR 1 Radio Niedersachsen® *Hartmut Brinkmann, Redakteur beim NDR 1 Radio Niedersachsen, hatte die Idee mit einer Benefizrose das Europa-Rosarium Sangerhausen zu unterstützen. Er versprach eine 3-jährige Werbekampagne für diese Rose, die besser nicht hätte sein können. Allein die Taufe war ein Megaevent. 4000 Gäste verfolgten ein buntes Programm auf der Showbühne im Kennel-Bad in Braunschweig. G.G. Anderson und andere Stars von Funk und Fernsehen traten auf. Mit einer historischen Gießkanne und Quellwasser aus dem Harz taufte Rosenkönigin Anja I aus Sangerhausen die Neuheit. Weitere Paten waren Dr. Czudej, Bürgermeister von Sangerhausen, und Ingomar Lang, der Leiter des Europa-Rosariums. An diesem Tag sendete NDR 1 Radio Niedersachsen 24 Stunden lang ausschließlich Lieder, in denen die Rose als Symbol der Liebe oder ihre Schönheit vorkamen.*
In den folgenden Jahren gab es medienwirksame Rosenpflanzungen in ganz Niedersachsen, Rosenkonzerte, Rosentage, unzählige Rosenberatungssendungen im Hörfunk, einen Foto- und Malwettbewerb und viele Aktivitäten mehr. Glanzvoller Höhepunkt war eine Fernsehsendung. Das Rosenkonzert mit kurzen Einspielern rund um das Thema Rose wurde live übertragen. Kaum eine andere Rose erhielt so viel Medienaufmerksamkeit.

Hamburger Deern® *Die Taufe fand am 20. 7. 1997 auf dem VDR-Kongress in Hamburg statt. Die Rose wurde von dem Umweltsenator Hamburgs, Herrn Dr. Fritz Vahrenholdt, feierlich getauft.*

Mein schöner Garten® *„Zum 25. Jubiläum der Zeitschrift „Mein schöner Garten“ suchte sich der Chefredakteur Jürgen Wolff mit Andrea Kögel eine passende Rose auf unserem Rosenneuheitenfeld aus. Der Taufakt fand wieder auf der Mainau statt. Gräfin Sonja Bernadotte hatte Herrn Wolff und leitende Mitarbeiter beim Burda-Verlag, sowie Ilse Kordes, Jochen Klitscher, Wilhelm und mich zu einem Abendessen ins Schloss eingeladen. Die Taufe war wieder im Rosengarten, damit die Gartenbesucher daran teilnehmen konnten. Abschluss bildete ein grandioses Feuerwerk.“ (Ute Kordes)*

Taufe NDR 1 Radio Niedersachsen®

Taufe Mein schöner Garten®

Rosenprofessor Sieber® *Die Taufe fand am 22. 8. 1997 im Gartencenter Seebauer, München, statt. Professor Sieber wurde mit der Rose für seine Leistung um die Rose gewürdigt.*

Sebastian KNEIPP® *Die Rose wurde zu Ehren von Sebastian Kneipp am 9. 8. 1997 getauft.*

Bad Birnbach® *„Herr Steinschnack, ein langjähriger Kordes-Kunde, wollte gerne für „seine" schöne Kurstadt eine eigene Rose haben. Am Tauftag zählten zu den Gästen auch Hans-Jochen Vogel (ehem. Bundesvorsitzender der SPD, ehem. Bundesminister und ehem. Oberbürgermeister von München). Bei herrlichem Sommerwetter saßen wir an Biertischen und klönten ganz nett mit Herrn Vogel, der Taufpatin und anderen geladenen Gästen. Dabei floss reichlich Sekt und Bier. Als der Taufakt losgehen sollte, bemerkten wir bei uns allen die Folgen der feuchtfröhlichen Vorfeier und konnten nur hoffen, dass die Zuschauer es nicht bemerkten." (Ute Kordes)*

Marie-Luise Marjan® *„Die Schwester unseres Nachbarn, Marianne Raven, Geschäftsführerin beim Kinderhilfswerk Plan International, ist mit Marie-Luise Marjan, die dort als Botschafterin engagiert war, eng befreundet. Bei einem Abendessen im Hause des Nachbarn lernten wir Frau Marjan kennen. Es entstand zwischen uns eine Freundschaft, die bis heute anhält. Die Taufe der Rose Marie-Luise Marjan fand im glanzvollen Rahmen, während eines Rosenballs, auf der Insel Mainau statt. Gräfin Sonjas Kinder durften dazu ihre Freunde aus ganz Europa einladen. Wir „älteren" waren nur eine kleine Minderheit. Es war ein stimmungsvoller Sommerabend. Der weiße Saal war üppig mit Rosenbouquets dekoriert. Durch die geöffneten hohen Fensterflügel hatten wir einen wunderschönen Blick auf den Bodensee. Die jugendlichen Tänzer in ihren festlichen Abendroben feierten ausgelassen. Der eigentliche Taufakt war dann im Palmenhaus in Anwesenheit zahlreicher Mainau-Besucher. Mit den Worten:*

Taufe Rosenprofessor Sieber®

Taufe Bad Birnbach®

Taufe Sebastian KNEIPP®

Taufe Marie-Luise Marjan®

„Wenn man Marie-Luise Marjan heißt, dann ist das eine Verpflichtung. Darum liebe Rose, wachse und gedeihe. Blühe kräftig, mach deinen Besitzern viel Freude, zum Segen aller Kinder dieser Welt!" DM 3,00 je verkaufter Pflanze wurden für eine bestimmte Zeit an das internationale Kinderhilfswerk Plan International abgeführt." (Ute Kordes)

Taufe Speelwark®

Bremer Stadtmusikanten®

Speelwark® *Am „Töverhus" in Klein Nordende wurde im Rahmen der 100. NDR-Fernsehsendung „Freut euch des Nordens" die Rose Speelwark® vor laufenden Kameras getauft. Helmut Hamke, Leiter der Volksmusikgruppe „Speelwark" hatte die Idee zu dieser Namensgebung. Während eines Besuchs auf der Blumeninsel Mainau sah er die vielen von Kordes gezüchteten Rosen und bemerkte scherzhaft: „Hier fehlt nur noch eine Rose mit unserem Namen". Zufällig befindet sich die Firma Kordes in seiner Nachbarschaft und so wurde er bei Wilhelm Kordes vorstellig. Dieser ist zufällig ein Fan seiner Gruppe und so fand man schnell die geeignete Rose. Die Namensgebung war zugleich auch ein Geschenk zum 15-jährigen Jubiläum der Gruppe. Taufpaten waren Heidi Münch, „Plattentante" der ersten Tonträgerfirma von Speelwark, Albert von Reibnitz, Liedermacher und Ex-Mitstreiter von Speelwark, sowie die „Speelwarker" Claudia Früchtenicht und Helmut Hamke. Das Jubiläum und die Rosentaufe hat die Gruppe Speelwark als Anlass genommen, eine CD mit dem Song „Mien Roos" (Meine Rose) herauszubringen. Auf jedem Konzert wird bei diesem Lied darauf hingewiesen, dass die Firma Kordes der Gruppe eine eigene Rose gewidmet hat.*

Bremer Stadtmusikanten® *Auf dem VDR-Kongress am 2.7.2000 in Bremen taufte der Altbürgermeister Dr. Henning Scherf die Rose feierlich auf den Namen Bremer Stadtmusikanten.*

Rosenstadt Freising® *Am 30.11.2001 fand die Taufe anlässlich der Ernennung von Freising zur Rosenstadt statt.*

Lions-Rose® *Anlässlich des Jubiläums 50 Jahre Lions in Deutschland fand eine bundesweite Activity für das Friedensdorf in Oberhausen statt. Die Lions-Mitglieder aus dem Club Elmshorn hatten die Idee, hierfür eine Charity-Rose zu kreieren. Günter Wörtmann, Lions-Präsident Dr. Klaus Pannen und weitere Mitglieder suchten gemeinsam mit ihrem Lions-Kollegen Wilhelm Kordes auf dem Testfeld „ihre Rose" aus.*
Unter dem Motto: „Blühendes Leben – für blühendes Leben" wurde die Lions-Rose® in der Firma Kordes von der Lions-Präsidenten Gattin Gundi Pannen bei einem Jazz-Frühschoppen getauft.
Frau Pannen hatte sich extra für diesen Anlass ein Kleid in der Lions-Rosenfarbe anfertigen lassen. Die Firma Kordes sagte dem Verein zu, € 1,50 pro verkaufter Pflanze an den Club zur Weiterleitung an

Taufe Bremer Stadtmusikanten®

Taufe Rosenstadt Freising®

Taufe Lions-Rose®

das Friedensdorf Oberhausen abzuführen. Im Friedensdorf werden verletzte Kinder aus Kriegs- und Krisengebieten medizinisch behandelt und wieder zu ihren Familien gebracht. Bis 30. 6. 2011 brachte die Lions-Rose® einen Erlös von über € 300.000 für das Friedensdorf und andere soziale Projekte ein.

Sangerhäuser Jubiläumsrose® *Taufpate der Rose und Schirmherr des Festjahres zum 100. Geburtstag des Europa-Rosariums Sangerhausen war Sachsen-Anhalts Ministerpräsident Prof. Dr. Wolfgang Böhmer. Die Taufe fand im neu gestalteten Jubiläumsgarten des Rosariums statt. In seiner Ansprache zeigte sich, dass er ein profunder Rosenkenner ist. Er würdigte die internationale Bedeutung des Rosariums. Das zeigte sich auch daran, dass Gäste aus ganz Europa, USA und sogar aus Kanada und Neuseeland zum Fest angereist waren.*

Sterntaler® *Während des Rosenfestes in der Rosenschule Hermann Clausen in Böklund wurden die Sorten Sterntaler® von Kordes und Criollo® von Noack getauft, eine seltene Doppeltaufe von zwei Züchterhäusern. Im Rahmen dieser Feierlichkeiten wurde die Betriebsübergabe an den Sohn Holger Clausen bekanntgegeben. Seit 1961 besteht der Betrieb, der ein großes Sortiment mit 350 Rosensorten führt.*

Bad Wörishofen® *Am 30. 7. 2005 wurde diese Rose auf den Namen der bekannten Stadt getauft. Taufpaten waren Olympia-Siegerin (Reiten) Ulla Salzgeber und Staatsminister Josef Miller.*

Garden of Roses® *Am 16. 7. 2006 wurde die Rose von der Besitzerin der Gärtnerei mit gleichlautendem Namen, Jeanette Griese, getauft. Die Rose bekam in England den Namen Joie de Vivre und wurde Rose of the Year 2011, der begehrteste Preis, den eine Rose in England gewinnen kann.*

Taufe Sangerhäuser Jubiläumsrose®

Taufe Sterntaler®

Taufe Bad Wörishofen®

Taufe Garden of Roses®

"Die Rose begleitet uns vom Anfang bis zum Ende."

Ilse Kordes

"Si je n´avais dans la vie qu´un souhait a faire, ce serait d´avoir une Rose qui porte mon nom.
Wenn ich nur einen Wunsch in diesem Leben hätte, möchte ich, dass eine Rose meinen Namen trägt."

Raymond Chenault (1962, Orléans / Frankreich), ein langjähriger Freund von Wilhelm II, dem eine Kordes-Rose gewidmet ist.

Herkules® *Pünktlich zur feierlichen Rosentaufe durch Staatssekretärin Oda Scheibelhuber prasselten edelsteingroße Hagelkörner auf die sommerlich gekleideten Gäste nieder, die sich unter Bäume und Sonnenschirme retteten.*
„Dieses Intermezzo sorgt dafür, dass uns das schöne Ereignis ewig in Erinnerung bleiben wird," sagte Scheibelhuber, nachdem sich das Gewitter gelegt hatte und schritt zur Taufe mit Wasser aus dem Fontänenteich. Die neue Rose ist die einzige, die den Namen eines griechischen Halbgottes trägt.

KOSMOS® *Die Taufe wurde innerhalb eines feierlichen Festakts im „Tal der Rosen" auf dem Killesberg vom Oberbürgermeister der Landeshauptstadt Stuttgart, Dr. Wolfgang Schuster, vollzogen. Kosmos Geschäftsführer Axel Meffert freute sich über die Ehre, die noch keinem anderen Verlag in Deutschland zuteil wurde und zitierte ein altes persisches Sprichwort: „Das Buch ist wie eine Rose, beim Betrachten der Blätter öffnet sich dem Leser das Herz."*
Die Rosentaufe stellt eine Auszeichnung für den alteingesessenen Stuttgarter Kosmos Verlag dar, der zu den führenden Ratgeberverlagen gehört.

Lupo® *Der Name Lupo steht für **L**aupheim, sein **U**mland, die **P**artnerschaft untereinander und **O**berschwaben. Das Lupo mit dem Namen Laupheim drei Buchstaben gemeinsam hat, ist reiner Zufall.*
Als Taufpate fungierte der Altbürgermeister Otmar Schick, im Beisein von Hannelore Birkel, der Vorsitzenden des Vereins Rosengarten und Thomas Proll. Die Taufe fand während des Laupheimer Rosenmarktes statt, der in zwei Tagen 10.000 Besucher anzog.

Taufe Herkules®

Taufe KOSMOS®

Taufe Lupo®

Taufe UNICEF-Rose®

Taufe Blühwunder 08®

Taufe La Perla®

Taufe Planten un Blomen®

UNICEF-Rose® *Unicef, das Kinderhilfswerk der Vereinten Nationen feierte im Dez. 2006 sein 60-jähriges Bestehen. Aus diesem Grund, stellten die Veranstalter der Landesgartenschau in Winsen, die politisch und konfessionell unabhängige Organisation für einen Tag in den Mittelpunkt. Die Taufe der Unicef-Rose nahm die Schauspielerin Johanna Christine Gehlen vor. Moderator war der Adels-Experte Rolf Seelmann-Eggebert. Weitere Gäste der Taufe waren die Hamburger Tanzgruppe LuKuLuLe e.V. und Dorothee von Unruh, die Leiterin von UNICEF-Hamburg. Ein Teil der Verkaufseinnahmen der Unicef-Rosen kommt unter dem Slogan „Jede Blüte ein Kinderlächeln“ der Organisation zugute.*

Blühwunder 08® *Die Rose wurde 2008 in der Firma Schley's Blumen Paradies getauft. Prominenter Taufpate war Jean Pütz. Der als Wissenschaftsjournalist arbeitende Hobbythek Moderator taufte die Rose gemeinsam mit Thomas Proll, dem Züchtungsleiter bei Kordes.*

La Perla® *Während der Lifestylemesse, der Landpartie auf Schloss Gödens, im niedersächsischen Friesland gelegen, fand die Rosentaufe statt. Heidi Gräfin von Wedel taufte die Rose im Beisein von Initiator Olaf Schachtschneider.*

Planten un Blomen® *Diese Rose präsentiert sich in den Hamburger Stadtwappenfarben Rot und Weiß.*
„Möge die Rose in ‚Planten un Blomen‘ wachsen und gedeihen und noch viele Generationen erfreuen“, unter diesem Tenor taufte Staatsrat Christian Maaß gemeinsam mit Markus Schreiber, Bezirksamtsleiter Hamburg-Mitte, die neue Hamburg-Rose.

Souvenir de Baden-Baden® *Während des Jubiläumskongresses der Gesellschaft Deutscher Rosenfreunde fand im Rosengarten auf dem Beutig ein Konzert unter dem Motto: „Rosen-Klänge-Poesie" mit der Frankfurt Brass statt. Ein Höhepunkt dieser Veranstaltung war die Rosentaufe.*
Taufpate Frank Elstner kam als Überraschungsgast und taufte die Rose mit frisch geschöpftem Ooswasser aus einem historischen Souvenirglas aus dem 19. Jahrhundert, das der Sammlung des Stadtmuseums entliehen war. Mit auf der Bühne waren die Gartenamtsleiter Markus Brunsing und Hans-Michael Schiem, Oberbürgermeister Wolfgang Gerstner und Kulturbürgermeister Kurt Liebenstein, Thomas Proll (Züchtungsleiter der Gartenrosen bei Kordes) sowie Ute und Wilhelm Kordes.
Frank Elstner kennt den Rosengarten gut, denn er wohnt nur 100 m Luftlinie entfernt.
Er schätzt den Rosengarten als einen „sehr ruhigen Nachbarn, der zudem auch noch gut riecht".

Taufe Souvenir de Baden-Baden®

Taufe Gartenspaß®

Taufe Hella®

Taufe Mon Petit Chou®

Gartenspaß® *„Die Taufe fand im Rosengarten der Mainau statt. Wolfgang Bohlsen (stellvertretender Chefredakteur der gleichnamigen Gartenzeitschrift) freute sich über die Namensgebung.*
Die Taufpatin Gräfin Bettina Bernadotte, Geschäftsführerin der Mainau GmbH, führte uns nach der Taufe in das Schloss. Hier erläuterte sie uns die Exponate, die das Leben ihres Vaters Graf Lennart dokumentieren und anlässlich seines 100. Geburtstages ausgestellt wurden. Wir empfanden es nicht als selbstverständlich, dass sie für unsere kleine Taufgesellschaft auch noch in den privaten Räumen im Schloss ein Mittagessen vorbereiten ließ, an dem auch ihr Mann, ihre Kinder, der Bruder Björn (Geschäftsführung der Mainau Stiftung) und seine Frau Sandra teilnahmen." (Ute Kordes)

Hella® *Diese Rose wurde Hella Brumme gewidmet, der Rosenexpertin und langjährigen Direktorin des Europa-Rosariums Sangerhausen, als Würdigung ihres Lebenswerkes. Die Taufe fand während der Feier zum 106. Rosariums-Geburtstages statt. Frau Brumme taufte „ihre Rose" gemeinsam mit ihren Enkelsöhnen Gregor und Sergej.*

Mon Petit Chou® *„Den Benefiztag ‚Rosen und Oldtimer' hatte ich geplant, um Spenden für die Waisenkinder in der Republik Moldau zu sammeln. 65 Oldtimerbesitzer erklärten sich bereit, Fahrgäste über eine festgelegte Strecke von 10 km zu fahren. Der Fahrgast wurde um eine Spende von €10,- gebeten. Im Rahmen dieser Veranstaltung fand auch die Rosentaufe statt. Im Vorfeld konnte man Lose erwerben, wenn man mit der Bürgermeisterin*

Taufe Uetersens Rosenkönigin® und Uetersens Rosenprinzessin®

Taufe Schöne Koblenzerin®

Taufe Sunny Sky®

Taufe Black Forest Rose®

zusammen Taufpate sein wollte. Die ausgeloste Dame bekam den Täufling geschenkt und eine Ehrenrunde in einem rosengeschmückten Oldtimer mit der Bürgermeisterin zusammen.
Man hatte auch Gelegenheit die ersten Exemplare vom Täufling zu kaufen. Auch dieser Erlös floss in die Spendenkasse sowie der Erlös von Kaffee und Kuchen, Getränken und Standmieten. So konnte ich die Gesamtsumme von € 4.500,- an den Verein ‚Geschenke der Hoffnung' weitergeben." (Ute Kordes)

Uetersens Rosenkönigin® und Uetersens Rosenprinzessin® *Anlass für die Taufe war der 75. Rosariumsgeburtstag. Der bekannte Fernsehgärtner John Langley führte kurzweilig und humorvoll durch das Programm. Die Rosenkönigin Julia II (Bendzko) und Rosenprinzessin Dana Janina Hachmann tauften jeweils ihre Rosen. Die Sorten sind Mutationen der bekannten Rose Rosarium Uetersen®.*

Schöne Koblenzerin® *Auf dem 2. BUGA-Baustellenfest für die Bundesgartenschau in Koblenz 2011 wurde die Rosenneuheit in den Stadtfarben rot und weiß von Birgit Graulich, der Gattin des Vorstandsvorsitzenden der Sparkasse Koblenz, getauft. Die Taufe fand auf dem Plateau Festung Ehrenbreitstein im Beisein des Züchtungsleiters von Kordes, Thomas Proll, und des BUGA-Geschäftsführers Hanspeter Faas statt.*

Sunny Sky® *Die Rose bekam ihren Namen am 20. 6. 2009 im Gartenmarkt Brockmeyer in Halle/Westfalen. Taufpatin war die Vize-Landrätin Elke Hardieck.*

Black Forest Rose® *Getauft wurde nicht, wie sonst üblich, mit Champagner, sondern in Symbolik zum Quellgebiet von Neckar und Donau mit einer Mischung aus Neckar- und Brigachwasser. Taufpatin war die Rosenkönigin Sina I aus Steinfurth.*

" Frauen kaufen keine roten Rosen, sondern es sind die Männer, aus Liebe und zur Entschuldigung.

Tim-Hermann Kordes

Jugendliebe® Zu DDR-Zeiten war Jugendliebe der größte Hit der Sängerin Ute Freudenberg.
Die Familie Bräutigam, Inhaber vom Rosengut Langerwisch, hatte die Idee zur Namensgebung und wollte gerne Frau Freudenberg als Taufpatin gewinnen. Anfänglich hatte die Sängerin wegen der Akustik im Gewächshaus Bedenken. Außerdem war sie es gewohnt in großen Konzerthallen und Stadien zu singen. Etwa 400 Fans erwarteten Frau Freudenberg und als sie temperamentvoll ihre alten DDR-Hits sang schlug die Stimmung hohe Wellen. Bei dem Lied Jugendliebe sprang das Publikum von den Plätzen, nahm sich bei der Hand und sang kräftig mit. Manche waren zu Tränen gerührt.

Out of Rosenheim® Auf der Landesgartenschau am 16. 6. 2010 tauften die Oberbürgermeisterin von Rosenheim, Gabriele Bauer und Thomas Proll, Züchtungsleiter der Gartenrosen von Kordes, die Rose im Regen feierlich auf ihren Namen.

Rose der Hoffnung® Die Sängerin Geraldine Olivier wohnt in Sparrieshoop und hatte die Idee, mit der Firma Kordes in Kontakt zu treten, um eine Benefizrose zugunsten der „Tour der Hoffnung" zu kreieren.
Bei der 27. Tour der Hoffnung, die am 11. 8. 2010 mit einer Prologfahrt in Giessen startete, traten wieder alle kräftig in die Fahrradpedale, um möglichst viel Geld für krebskranke Kinder zu sammeln. Bei der Licher Brauerei wurde Halt gemacht, um Spenden zu sammeln und die Benefizrose zu taufen. Taufpaten waren der Schlagersänger Heino, Schirmherrin Petra Behle (Biathlon Sportlerin, 9-fache Weltmeisterin und Olympiasiegerin), Initiator Prof. Fritz Lampert, Oberbürgermeisterin Dietlind Grabe-Bolz, Sängerin Geraldine Olivier und weitere Personen. Getauft wurde zünftig mit Licher Bier. „Mögest Du kräftig blühen in allen Gärten dieser Welt und ein Licht der Hoffnung sein für alle krebskranken Kinder", sagte Heino während des Taufaktes.
170 prominente Sportler und Politiker beteiligten sich an der Tour, um auf einer 366 km langen Fahrt durch Hessen, Thüringen und Sachsen-Anhalt Spenden zu sammeln.
Unter den Mitfahrern befanden sich 25 Weltmeister, Olympiamedaillengewinner und andere Prominenz, zu der auch der TV-Sternekoch Johann Lafer zählte.

Novalis® Novalis ist der Name des Dichters Georg Philipp Friedrich von Hardenberg (1772-1801) – einer der herausragenden Persönlichkeiten der literarischen Frühromantik in Deutschland. In seinem Werk spielt die „Blaue Blume" als Symbol für

Taufe Jugendliebe®

Taufe Out of Rosenheim®

Taufe Rose der Hoffnung®

Taufe Novalis®

Taufe Moin Moin®

Taufe Dolomiti®

Taufe Goldspatz®

Fernweh, Naturerleben, Hoffnung und das Streben nach Glück eine Rolle. Auch wenn hierbei keine Rose als Vorbild diente, war es doch Anlass für die Firma Kordes, gemeinsam mit der Novalis-Stiftung „Wege wagen mit Novalis", der internationalen Novalis-Gesellschaft und dem Europa-Rosarium Sangerhausen eine neue Märchenrose ins Leben zu rufen. Die neue Rosenzüchtung wurde am 25.03.2011 im Novalis-Museum im Schloss Oberwiederstedt feierlich getauft, anlässlich des 10-jährigen Bestehens der Novalis–Stiftung und der Übergabe des kürzlich erworbenen Familienarchivs der Freiherren von Hardenberg an die Novalis-Stiftung. Im Rahmen der Festversammlung erfolgte die Namensgebung durch die Taufpaten Detmar Freiherr von Hardenberg, Stiftungsgründer Dr. med. Arved Grieshaber, sowie die stellvertrende Landrätin Christine Heppner mit „Stollenwasser", welches die Mansfelder Bergleute für die Zeremonie gebracht hatten. Auch im „Märchenrosen-Garten" der Novalis-Stiftung ist die neue Sorte aufgepflanzt und wird im Sommer die zahlreichen Besucher des Gutsparks mit ihren romantischen Blüten erfreuen.

Moin Moin® *Moin Moin ist der Gruß im Oldenburger Land für jede Tageszeit. Es kann auch bedeuten: Schön dich zu sehen. Olaf Schachtschneider vom gleichnamigen Pflanzenhof hatte die Idee eine Rose auf diesen typischen norddeutschen Namen zu taufen.*

Dolomiti® *Europas höchster Rosengarten liegt in Pufels in den Dolomiten. Hier hat Lotte Zemmer den Hang unterhalb ihres Charme-Hotels Uhrerhof mit 6000 Rosen zum Erblühen gebracht. Es war für meinen Mann und mich ein außergewöhnliches Erlebnis in 1.500 m Höhe die gepflanzten Rosen, die fast alle Züchtungen unseres Hauses sind, aus einer für uns vollkommen neuen Perspektive betrachten zu können. Das steile Gelände ist mit Wegen und Treppen durchzogen und bietet einen atemberaubenden Blick auf St. Ulrich und die umliegende Bergwelt. Ute Kordes, 2011*

Goldspatz® *Zum Abschluß der Jahreshauptversammlung der Gesellschaft Deutscher Rosenfreunde in Ulm erhielt am 03. Juli 2011 die Strauchrose Goldspatz® ihren Namen. Mit Donauwasser taufte Stadtrat Ralf Milde die naturnahe Schönheit, die ihren Namen dem Spatz als Wahrzeichen der Stadt Ulm und ihren gelben Blütenschalen verdankt.*

» Ein besonderes Erlebnis war die Rosentaufe der Schnittrose Naina® in Moskau. Das holländische Blumenbüro hatte den Kontakt zu Naina Jelzin, der Frau von Boris Jelzin, dem ersten Präsidenten Russlands, hergestellt. Stundenlang warteten wir, bis die First Lady unter Aufbietung höchster Sicherheitsmaßnahmen bei uns am Messestand eintraf. Frau Jelzin beeindruckte durch ihr freundliches Auftreten. Mit natürlicher Eleganz ließ sie Champagner über das Bouquet mit den weißen, rosa überhauchten, edel geformten Knospen perlen und taufte sie auf ihren Namen ‚Naina'. Unsere familiäre Zuneigung zum russischen Land blieb nicht ohne Folgen. Sie führte dazu, dass unser Sohn John sich in die hübsche Tochter eines Geschäftspartners aus Moskau verliebte, während sie bei uns ein Praktikum für ihr Studium International Business absolvierte. «

Margarita Kordes, 2011

Neuheiten – Wettbewerbe

Oben:
Aprikola® – Goldene Rose von Den Haag in 2005

Rechts:
Planten un Blomen® – Die Goldene Rose von Den Haag von 2011

Rosenwettbewerbe sind nicht nur deswegen wichtig, weil der Züchter seine Rosen in einem anderen Klimagebiet sieht, sondern hier werden die Neuheiten den Rosenfreunden aus aller Welt vorgestellt. Es sind richtige Events mit einer bunten Mischung aus Fachwelt und ganz normalem Gartenfreund.

International gesehen ist Den Haag der wichtigste Wettbewerb für Gartenrosen. Hier beteiligen sich die meisten Züchter. Der Westbroekpark, ein wunderschöner Freizeitpark, in Den Haag richtet dabei zwei Wettbewerbe aus.

Einer mit Nummernsorten, also den geplanten Neueinführungen. Der Bereich mit den Nummernsorten ist für die Besucher des Parks nicht zugänglich und er ist auch relativ klein mit nur 5 Pflanzen pro zu testender Sorte.

Bei den Handelssorten stehen 80 Pflanzen pro Sorte. Und das macht es auch für Züchter so interessant. Hier können sich die Sorten im besten Fall über acht Jahre bewähren. So gewinnen die Züchter eine gute Übersicht über die Nachhaltigkeit ihrer Sorten. Da das Klima zudem mit Küsten- und Schmuddelwetter als eher hart eingestuft werden muss, bekommt man einen guten Überblick über die Gesundheit der Sorte.

ADR ist für Kordes der wichtigste Wettbewerb, weil er sehr aussagekräftig ist.

Die Neuheitenwettbewerbe Paris Bagatelle und in Baden-Baden spielen eine ebenfalls wichtige Rolle, außerdem Sankt Albans und ROTY (Rose of the year) in England.

Die AARS (All American Rose Selection) ist der bekannteste Wettbewerb in den USA. Dadurch, dass der größte amerikanische Rosenzüchter Jackson und Perkins 2009 seine Rosenzüchtung aufgegeben hat, ist der Wettbewerb vorläufig ausgesetzt. Es gibt Bestrebungen, dass er sich bei der Wiederaufnahme in Richtung ADR entwickeln soll.

Einige Preise für Kordes

Die Liste an gewonnenen Preisen ist lang. Hier nur eine kleine Auswahl.

Goldene Rosen von Den Haag erhielten die Kordes-Sorten

1966 Lilli Marleen®, Floribunda, Kordes 1959
1988 Goldmarie® 82, Floribunda, Kordes 1984
1989 Trier 2000®, Floribunda, Kordes 1985
1990 Mariandel®, Floribunda, Kordes 1984
2001 Schloss Balthasar®, Floribunda, Kordes 1997
2003 Rotilia®, Floribunda, Kordes 2000
2005 Aprikola®, Floribunda, Kordes 2000
2007 Fortuna®, Floribunda, Kordes 2002
2011 Planten un Blomen®, Floribunda, Kordes 2008

All-America Rose Selections Winners (Kordes-Rosen)

1940 World's Fair (Minna Kordes), Floribunda
1976 Seashell, Edelrose
1976 Yankee Doodle, Edelrose
1977 Prominent, Grandiflora
1981 Marina, Floribunda
1982 Shreveport, Grandiflora
1991 Perfect Moment, Edelrose
1994 Caribbean, Grandiflora
2000 Crimson Bouquet, Grandiflora
2003 Eureka, Floribunda

Die meist ausgezeichnete Kordes-Rose

Rotilia® mit 11 Auszeichungen von 2001 bis 2005: 3 x Goldene Rose, 5 x Goldmedaille, 4 x Silbermedaille, ADR-Rose, Toproos 2005 (Niederlande)

Weltrose

Schneewittchen® 1983

Goldene Rosen von Baden-Baden

2004 Fairest Cape®
2009 Apache®

Oben:
Apache® gewann 2009 in Baden-Baden die Goldene Rose.

Ganz oben:
Planten un Blomen®

Ganz oben links:
Kordes erhielt 2011 auf der Bundesgartenschau in Koblenz den Staatsehrenpreis in Gold vom Bundesministerium für Ernährung, Landwirtschaft und Verbraucherschutz für die beste züchterische Leistung im Neuheitenwettbewerb im Freiland

Links:
Weltrose Schneewittchen®

ROSEN-NAMEN

„Die schwarze Rose: Wenn man Kunden fragt, stellt man immer wieder fest, dass viele Kunden sie nicht kaufen würden. Es gibt eine Käuferschaft, die das Besondere liebt, die lassen sich begeistern. Aber ich glaube nicht, dass eine schwarze Rose sich so gut verkaufen ließe. Es ist für Rosen einfach eine unnatürliche Farbe."

WILHELM KORDES III

Im Haus von Marianne und Reimer Kordes kamen immer wieder Rosenzüchter aus der ganzen Welt zu legendären Festen zusammen. Im Jahre 1959 hatte Marianne zu Ehren der Rosenzüchter eine wunderbare Bowle hergestellt, die großen Anklang fand. Schnell wurde es heiter und die Rosenmänner sangen begeistert das bekannte Lied

„Vor der Kaserne,
Vor dem großen Tor,
Stand eine Laterne
Und steht sie noch davor.
So woll'n wir uns da wiederseh'n,
Bei der Laterne woll'n wir steh'n,
Wie einst, Lili Marleen."

Und spontan meinte Sam McGredy: Reimer, du könntest doch die wunderschöne rote Rose, die wir heute bestaunt haben, Lilli Marleen nennen." Und so bekam die weltberühmte Rose ihren Namen.

Der Name muss zur Sorte passen. Es ist besonders wichtig, dass der Name und die Farbe zusammenpassen. Kurze, einprägsame Namen sind besser als lange. Wenn die Menschen die Namen mit einem Bild im Kopf verbinden, dann können sie ihn sich besser merken. Die Namen sollten bei den Menschen positiv besetzt sein. Eine schöne Rose mit einem negativen Namen, möchten die Leute nicht in ihren Garten pflanzen.

Lambada® ist orange, Kiss® ist rosa, der ungeschminkte Mund. Escimo® ist weiß, Apache® rot, Gartenspaß® ist farbenfreudig, Amore® ist rot. Petticoat® heißt Petticoat, weil die Rose wie ein Petticoat von unten aussieht. Coco®, Roxy® und Lupo® sind kleine Namen für Zwergrosen.

Pomponella® hat ihren Namen, weil sie von Anfang an den Beinamen Pomponrose bei der Selektion bekam.

„Als ich sah, dass sich die Rose so gut machte, dachte ich, sie muss Gärtnerfreude® heißen, weil sie dem Gärtner so viel Freude macht." (Wilhelm Kordes III, 2011)

Den richtigen Namen zu finden, ist nicht immer einfach, zudem es durch die vielen bereits geschützten Rosennamen auch immer schwieriger wird. Man muss viel Zeit darauf verwenden, aber es zahlt sich immer aus.

Rosennamen sind oft national. So heißt Jugendliebe® in Südafrika Archbishop Desmond Tutu. Garden of Roses® in England Joie de Vivre (Lebensfreude), Lions-Rose® in England Champagne Moment und in den USA Lion's Fairy Tale.

Menschen bei Kordes

Schnittrosen

Von den bescheidenen Anfängen hat sich Kordes zu einem der weltgrößten Schnittrosen-Züchter entwickelt. In vielen Ländern werden die Kordes-Sorten über Vertreter angeboten. In Kenia und Holland gibt es eigene Zweigbetriebe.

Die Züchtung und erste Selektion ist in Sparrieshoop angesiedelt. Danach gehen die Sorten auch vor Ort in die Anbaugebiete, wo die Rosen schließlich produziert werden sollen – die viel versprechensten Sorten werden dafür in die Tochterbetriebe nach Holland, Kenia und zur Vertretung nach Südamerika geschickt. Nur unter den klimatischen Bedingungen der Anbauländer können die Rosensorten oft ihr ganzes Potenzial zeigen. Gerade die großen Temperaturunterschiede zwischen Tag und Nacht der Höhenlagen in Ecuador oder Kolumbien kann man in einem Gewächshaus in Norddeutschland nur schwerlich simulieren.

In den beiden eigenen Betrieben in Kenia hat Kordes über 450 Arbeitsplätze geschaffen. Interrose, der holländische Zweigbetrieb, hat 4 Mitarbeiter.

Gartenrosen

Mit dem Vermehren von Gartenrosen fing Wilhelm I an. Von den bescheidenen Anfängen ab 1887 vermehrte W. Kordes' Söhne im Jahr 1937 schon über 1,5 Millionen Rosen. In den1980er Jahren produzierte Kordes über 4,5 Mio. Pflanzen. Danach gingen die Verkäufe zurück. Warum passierte das?

Als Wilhelm Kordes II. um 1920 begann sich intensiv der Rosenzüchtung zu widmen, war für ihn klar, dass Widerstandsfähigkeit gegen Krankheiten und Winterhärte die obersten Züchtungsziele sein mussten. Zu kränklich und frostempfindlich waren viele der Rosen, die er aus dem Sortiment kannte – oft, weil diese aus weit milderen Klimaten, wie z. B. dem französischen Raum, stammten. Und blickt man heute auf sein Lebenswerk zurück, so muss man bemerken, dass es ihm ganz vortrefflich gelungen ist, die Rosenzüchtung in diesen Aspekten weit voranzubringen.

Ab den 1950er Jahren aber geriet die Gesundheit der Rosen als Züchtungsziel immer weiter ins Hintertreffen. Das war keine bewusste Entscheidung oder gar Änderung der Züchtungsphilosophie, sondern einzig und allein dem Umstand geschuldet, dass immer mehr hochwirksame Pflanzenschutzmittel auf den Markt kamen. So konnte man in der Rosenproduktion ebenso wie im Hausgarten die lästigen Blattkrankheiten mit Fungiziden (Mittel gegen Pilzkrankheiten) schnell und nachhaltig bekämpfen.

Ganz oben:
In Kenia hat Kordes 450 Arbeitsplätze neu geschaffen.

Oben:
Einige der Mitarbeiterinnen und Mitarbeiter in Kenia.

Ganz oben:
Seit 1919 ist Kordes in Klein Offenseth-Sparrieshoop angesiedelt.

Oben:
Kordes steht seit Jahren auch für die Rosenvielfalt.

Rechts:
Was wäre eine Firma ohne ihre Mitarbeiterinnen und Mitarbeiter – hier sehen Sie viele der Mitarbeiter am Standort Klein Offenseth-Sparrieshoop.

Niemand dachte sich in den 1960er oder 1970er Jahren Schlimmes dabei, diese Mittel zu verwenden – sie gehörten einfach zur täglichen Praxis, ob Profi- oder Hobbygärtner. Heute wissen wir, dass viele dieser Chemikalien Umwelt und menschlicher Gesundheit nicht eben zuträglich waren und sind froh, dass sie wieder aus unserem Leben in Beruf und Garten verschwunden sind.

Ein Prozess des Umdenkens, den man auch ganz beispielhaft an der Gartenrosen-Züchtung im Hause Kordes zeigen kann. Wurden die Testfelder, bis in die 1980er Jahre hinein noch regelmäßig mit Fungiziden behandelt, um Großkunden die Neuzüchtungen immer in optimaler Verfassung präsentieren zu können, so kam es in der Käuferschaft schon zunächst unbemerkt zu einem Sinneswandel. Waren die Verkäufe von Rosenpflanzen seit dem 2. Weltkrieg zunächst stetig steigend und dann auf konstant hohem Niveau gewesen, so kam es erstmalig zu einem Rückgang. Im Frühjahr blieben plötzlich Pflanzen übrig – erst wenige, dann immer mehr! Man beobachtete diese Entwicklung im Hause Kordes mit Sorge und einer gewissen Ratlosigkeit. War die Rose womöglich außer Mode? Aber warum sollte die Rose als unangefochtene Nr. 1 unter den blühenden Gartenpflanzen plötzlich unbeliebt werden?

Man brauchte eine Weile, verstand dann aber doch – es war nicht die Liebe der Menschen zur Rose, die sich verändert hatte, sondern ihr ökologisches Bewusstsein. Ein Prozess, der in Deutschland massiv während der 1980er Jahre einsetzte und dazu führte, dass Menschen mehr im Einklang mit der Natur leben wollten – auch im Hausgarten!

Gesündere Sorten mussten gezüchtet und selektiert werden. Im Jahr 1990 gab die Firmenleitung grünes Licht: die Spritze musste im Schuppen bleiben. Und man machte keine halben Sachen, die Spritzung von Fungiziden auf dem Testfeld wurde nicht etwa reduziert, sondern komplett eingestellt.

Eine rigorose Entscheidung, die zunächst dramatische Konsequenzen zu haben schien, da fast das komplette Prüffeld schon im Sommer

vom Sternrußtau entlaubt dastand. Ein kurzfristiger Generationenkonflikt entbrannte, den aber die „Jungen“ Inhaber, gerade wenige Jahre in der Verantwortung, für sich entschieden – man blieb konsequent: Kein Einsatz von Fungiziden in der Testung.

In Sparrieshoop arbeiten insgesamt 145 Personen, davon 104 in der Produktion, 30 im Büro, mit Lizenzabteilung und 11 ständig in der Züchtung (Stand 2011).

Heutige Züchtungsziele der Gartenrosen

- Widerstandsfähigkeit gegenüber pilzlichen Schaderregern (Sternrußtau, Echter und Falscher Mehltau, Rosenrost)
- Winterhärte, Frosttoleranz
- Hitzetoleranz
- Blüheigenschaften:
  - Anzahl der Blüten
  - Blühdauer
  - Selbstreinigung
  - Regenfestigkeit
  - Farbbeständigkeit
- Blüteneigenschaften (Farbe, Form, Duft)
- Wuchseigenschaften (Habitus, Höhe, Verzweigung)
- Eignung für Vermehrung durch Stecklinge
- Eignung zur Container-Kultur

Topfrosen

Die Züchtung der Topfrosen ist in Sparrieshoop beheimatet. Die Testung aller Kordana-Sorten findet in der Gärtnerei ROSA DANICA im dänischen Odense statt, der dann auch die Produktion der selektierten Rosen leistet. Seit über 20 Jahren besteht bereits die erfolgreiche Zusammenarbeit.

Freilandschnittrosen

Die Züchtung findet wie bei allen Rosen in Sparrieshoop statt. Die Testung ist in Rockenberg, in der Nähe von Steinfurth angesiedelt, beim Partnerbetrieb Stefan Raab. Die Freelander®, wie Freilandschnittrosen bei Kordes getauft wurden, sind in verschiedene Serien und Untergruppen aufgeteilt.

Ganz oben:
Lis Madsen, Thomas Proll und Torben Moth Madsen bei der Selektion in Dänemark.

Oben:
Partner Stefan Raab (ganz rechts) – Freiland-Schnittrosen in Rockenberg. Von links nach rechts: Thomas Proll, Gary Pellett, Britta Feuerhahn, Christine Pellett, Matthias Bleker, Stefan Raab.

Ganz links:
Ludwig Taschner – ein langjähriger Wegbegleiter, Freund und Rosen-Fachmann in Süd-Afrika. Er hat dieses Buch in die englische Sprache übersetzt.

Links:
Freilandschnittrosen-Vielfalt.

Züchtung

ROSENZÜCHTUNG
Immer neue Ideen und viel, viel Geduld

„Die Naturverbundenheit ist eines der Geheimnisse der Familie."

ILSE KORDES

„Eine Lieblingsrose habe ich nicht, das wechselt. Oft verliebt man sich in Neuheiten, weil es gelungen ist, genau die Farbe oder die Gesundheit zu erreichen, von der man seit Jahren träumt. Aber im nächsten Jahr geht es weiter und es kommen die nächsten Lieblingsrosen."

WILHELM III

„Als Züchter muss man auf die richtige Sorte warten können", sagt Wilhelm Kordes III. Und genau diese Geduld ist wohl die wichtigste Tugend, die ein erfolgreicher Rosenzüchter besitzen muss.

Eigentlich ist er stets beschäftigt, der Kopf eines Rosenzüchters, denn eine jede Rosensorte, die ihm begegnet, begutachtet er als mögliche Mutter- oder Vatersorte für neue Rosenkinder – sei es nun eine eigene Schöpfung oder die eines Kollegen. Auf diese Weise entstehen immer neue Ideen, den ganzen Sommer über, solange die Rosen blühen... und erst mit der Ruhe des Winters kommt Zeit und Muße, die vielen Gedanken zu ordnen und in einen Kreuzungsplan zu fassen.

Doch ist die Idee noch so brillant, ist der Plan noch so gut – oft liegt das Ergebnis aus der Vereinigung zweier Rosen doch fern von dem, was sich der Kopf des Züchters erdachte. Am Ende ist es Mutter Natur, die entscheidet, welche der vielen Millionen Möglichkeiten einer Kreuzung Realität wird. Somit ist die erste Lektion eines Rosenzüchters oft mit Enttäuschungen zu leben.

Schon als junger Züchter fand sich Wilhelm Kordes II. in dieser Lage und fasste sie unnachahmlich in Worte – aus der Zeitschrift des Vereins deutscher Rosenfreunde 1923:

„Der Rosenzüchter, der von seinem Ziele spricht oder dasselbe gar zu erreichen glaubt, mutet mich immer an wie ein Schiffer, der in sternloser Nacht ohne Kompaß auf hoher See treibt, aber doch zu behaupten wagt, welchem Ziel er zusteuert. Zwischen unserem Wollen und dem Ergebnis liegt eine Gewalt, die sich weder beschwören, noch bedrohen, aber auch gewiß nicht berechnen lässt. Diese Gewalt, die im Moment des Befruchtungsgeschehens entscheidet über den Erfolg unserer Arbeit, die mit unseren Hoffnungen und Wünschen, den Phantasiegebilden unserer Erwägungen so bewunderungswürdig aufzuräumen versteht, und zuweilen, ganz selten allerdings nur, etwas schafft, das wir dann als Ersatz dafür werten können, ist bei den Rosen, die heute unseren Garten zieren, über alles menschliche Tüfteln und Erwägen erhaben. Aber sie ist entscheidend. Sie sorgt dafür, dass wir alle Frühjahr um die Osterzeit in einem lodernden Feuer alte Hoffnungen und Wünsche wie wertlose Schlacken zerstören können. Sie schafft und ruht nicht, bis wir anerkennen, dass der augenscheinlichste Erfolg unseres Strebens und Tuns ein fröhlich lodernder Scheiterhaufen ist. Zuweilen aber gestattet sie uns, einen Erfolg und das Ziel zu erreichen, das wir eigentlich erreichen wollten, nämlich, dass sich unter den Gebilden ihrer Schöpfungskraft eine findet, die

uns wertvoller erscheint als diejenigen, die schon in mehr oder minder großer Anzahl das Heer der Rosenfreunde erfreuen.

Wir haben keine Macht, dieses Ziel, den eigentlichen Zweck unserer Arbeit mit Sicherheit der Natur abzuringen, und daraus folgt, dass wir, wenn wir es doch erreichen sollten, keinen Anspruch auf einen Glorienschein als Sieger über die Gesetze der Natur oder weiß der Himmel über was sonst noch haben.

Aber eines haben wir, die Gewalt über die Mittel. Die Mittel, die wir nutzen können, um die schier endlose Reihe der Schönen unter den Rosen um eine zu mehren.“

Als er diese Worte schrieb, war Wilhelm Kordes II. noch ganz am Anfang einer Züchterkarriere. Und doch haben seine Äußerungen noch heute Gültigkeit: Begleitet vom Wissen um die Rose und sehr viel Arbeit sind es doch Demut gegenüber Mutter Natur und viel Geduld, die das Erfolgsgeheimnis eines Rosenzüchters ausmachen. Als er mit dem Züchten begann, hat Wilhelm Kordes II. sich wohl schwerlich vorstellen können, wohin diese Philosophie seine Firma W. Kordes′ Söhne fast 100 Jahre später einmal führen sollte – zu einem der umfassensten Züchtungsprogramme weltweit, das sich mit wirklich allen Typen von Rosen beschäftigt.

Rosensorten, die von Gärtnern für die „Treiberei“, also die Ernte von Schnittrosen genutzt wurden, gab es zwar schon lange – eine konzentrierte Züchtung auf diese spezielle Verwendung aber begann erst in den 1960er Jahren und hat seitdem enorme Fortschritte erzielt.

Züchtungsbuch von Wilhelm II

Heute werden alle Daten im Computer gesammelt und ausgewertet.

In den 1980er Jahren kam dann mit den Topfrosen zusätzlich zu Garten- und Schnittrosen ein drittes Betätigungsfeld hinzu – eine Vielfältigkeit, die kein anderes Züchterhaus in dieser Form bearbeitet. Wie anfänglich schon geschrieben: „Man muss auf die richtige Sorte warten können“, sagt Wilhelm Kordes III. heute – diese „Wartezeit“, die natürlich aus viel akribischer Arbeit während Selektion und Testung besteht, bedeutet bei den Topfrosen etwa 2 bis 3 Jahre, bei den Schnittrosen etwa 4 bis 5 Jahre und bei den Gartenrosen meist 8 bis 10 Jahre.

» Große Entdeckungen resultieren nicht immer aus Forschung und Planung, manchmal ist es einfach Glück – man stolpert darüber. Das ist die Romanze des Spiels, die dramatische Begebenheit, an jedem gewöhnlichen Morgen, könnte so ein Wunder geschehen. «

EUGENE BOERNER, 1920 – 1966
ZUCHTLEITER BEI JACKSON & PERKINS

Bestäubung und Saatbeet
Wie eine neue Rosensorte entsteht

» Unsere Geheimnisse? Dass wir nicht gleich sind, dass wir unterschiedlich sind und dass sich jeder auf seine Arbeit fokusiert, dass wir tolerant sind. Wenn Probleme da sind, dann stehen wir sie zusammen durch. Wenn Schwierigkeiten entstehen, dann sehen wir vor, dass nicht nur ein Esel vor den Karren gespannt wird, sondern eben drei. Kleinigkeiten besprechen wir nicht, große Sachen werden vorher besprochen. «

Tim-Hermann

Ob für Hobbygärtner, Profigärtner oder Rosenzüchter: Im Winter kehrt Ruhe ein nach einer oft hektischen Frühjahrs-, Sommer- und Herbstsaison. Doch auch wenn jetzt die Pflanzen schlafen, der Rosenzüchter tut es keineswegs, denn es ist Zeit, die vielen Ideen zu ordnen, die sich im Laufe des letzten Jahres angesammelt haben. Ideen, welche Sorten man noch als Mutter oder Vater miteinander kombinieren könnte, um neue Rosen entstehen zu lassen, die noch schöner, noch gesünder, noch stärker duftend, noch produktiver, noch haltbarer oder was auch immer sind... Die niemals endende Suche nach der „perfekten Rose" eben.

In diesem Wissen macht sich der Züchter daran, einen umfassenden Kreuzungsplan zusammenzustellen, in den die neuen Ideen einfließen. Er entscheidet, von welchen Sorten er sich trennen will.

Die Gewächshäuser, in denen die Kreuzungspflanzen stehen, werden so angeheizt, dass etwa Ende April/Anfang Mai, die ersten Blüten erscheinen, also lange bevor im Garten die Rosen zu blühen beginnen.

Ist das erst einmal so weit, dann werden in der Züchtungsabteilung viele fleißige Hände gebraucht und das Personal deswegen verdreifacht. Benötigt werden diese Arbeitskräfte für die filigrane Handarbeit, die bei der Bestäubung von Rosen erforderlich ist: Am frühen Morgen werden hierzu die Blüten, die zur Bestäubung bereit sind, mit sanfter Gewalt aufgeblättert. Dazu werden alle Blütenblätter bis auf zwei entfernt und damit das Innere der zwittrigen Rosenblüte freigelegt. „Zwittrig" bedeutet, dass die Blüte sowohl weibliche als auch männliche Geschlechtsorgane besitzt – die weiblichen in Form der Griffel mit der Narbe am oberen Ende und die männlichen als Antheren, welche die Pollensäcke tragen. Und genau um diese Pollensäcke geht es dann im folgende Arbeitsschritt: Weil der Rosenzüchter in der Regel keine Selbstbestäubung erreichen möchte, sondern entsprechend seinem Kreuzungsplan die Blüte mit dem Pollen einer anderen Sorte bestäuben möchte, darf auf keinen Fall schon Pollen aus den Staubgefäßen austreten. Sollte das doch der Fall sein, muss die Blüte verworfen, also entfernt werden. Sind die Pollensäcke aber wie gewünscht noch geschlossen, werden diese sorgfältig vollständig entfernt, um eben eine nicht gewollte Selbstbestäubung der Blüte zu verhindern.

Die hierbei entfernten Staubgefäße werden allerdings nicht verworfen, sondern sorgfältig in Glasschälchen gesammelt und exakt mit

Die Züchtung

1. Blüte einer Sorte, die als Mutter ausgewählt wurde.

2. Die Pollensäcke werden entfernt...

3. ... und in einer Glasschale gesammelt.

4. Der Pollen der ausgewählten Vaterpflanze...

5. ... wird auf die Narbe der ausgewählten Mutterpflanze mit dem Finger aufgebracht.

6. Auf einem Klebeetikett wird die Vatersorte mit einem Nummercode verschlüsselt gekennzeichnet.

7. Nach wenigen Wochen entwickeln sich Hagebutten.

8. Im Herbst werden die Hagebutten geerntet und die Saatkörner entnommen. Die Saatkörner werden einzeln in kleine Löcher eingebracht und mit Erde zugedeckt.

9. Im Februar / März beginnt die Keimung.

10. Jetzt ist die Hauptarbeitszeit in der Selektion der Sämlinge gekommen. Tausende von Sorten müssen begutachtet und weitergepflegt beziehungsweise verworfen werden.

11. Nur 10% der Sämlinge schaffen es auf das Testfeld, in dem erst in 3er-Gruppen, dann in 10er-Gruppen und zum Schluss in 1000er-Gruppen vermehrt wird.

12. Markteinführung: Mit einer Taufe endet oft die erfolgreiche Selektion und Einführung.

Farben, Formen, Größen

Sortenname und Datum gekennzeichnet. Über Nacht in einem geheizten Raum trocknen die Pollensäcke dann, platzen auf und geben den Blütenstaub frei. Dieser steht dann am folgenden Tag zur Bestäubung bereit.

Ist das Öffnen und Kastrieren der Blüten bei allen Sorten beendet, kann mit dem nächsten Arbeitsschritt, der Bestäubung begonnen werden. Hierbei kommt dann der Kreuzungsplan aus dem Winter zum Einsatz.

Bei der Bestäubung wird der Pollen in einem großen Praxisbetrieb wie Kordes nicht etwa wie oft gesehen mit einem Pinsel auf die Narben aufgetragen, sondern zeitsparend mit der Fingerspitze, die natürlich trotzdem nach jeder Sorte sorgfältig gereinigt werden muss, um Vermischungen zu vermeiden.

War die Bestäubung erfolgreich, ist es also zu einer Befruchtung gekommen, so kann man schon wenige Wochen danach sehen, wie der Blütenboden langsam anschwillt und beginnt, die Frucht der Rose, die Hagebutte zu bilden – die Rose ist dann sozusagen „schwanger".

Nicht jede Bestäubung führt zum Erfolg – manch hochgezüchtete Sorte hat fehlende oder deformierte Geschlechtsorgane, die sie für die Züchtung ungeeignet machen. Oder es gibt genetische Barrieren, die bestimmte Kombinationen unmöglich machen. Oft sind es aber einfach kleine Beschädigungen der Blüte beim Bestäuben oder ungeeignete feucht-kühle Witterung die zu Fäulnis und dadurch Verlust der jungen Hagebutten führen.

Die gesunden Hagebutten reifen dann über den Sommer heran, werden dabei immer praller und färben sich zum Herbst langsam orange oder rot. Die Ernte der reifen Früchte erfolgt ab September bis in den November hinein – dabei werden sie nach Kombination (also die Hagebutten einer Muttersorte, die mit dem Pollen einer Vatersorte bestäubt wurden) sortiert, wobei die nummerierten Klebeetiketten helfen. Sorgsam aufgeschnitten kann man den Früchten schließlich die Saatkörner entnehmen, deren Anzahl stark variiert.

Die Aussaat erfolgt auf Tischbeeten im Gewächshaus, deren Erde zuvor durch Dämpfen sterilisiert wurde und somit viele Jahre in Folge verwendet werden kann. Es wird dafür keine Chemie verwendet.

Im Februar oder März beginnt die Keimung. Ein für den Züchter immer wieder schöner Moment, auch wenn er weiß, dass es nun schon bald keine ruhige Minute mehr geben wird. Denn wenige Wochen später im April werden die Saatbeete mit Hunderttausenden von Sämlingen in voller Blüte stehen. Und nun beginnt eine der schwierigsten Arbeiten des Züchters – die Selektion, auch Negativ-Selektion genannt, weil die Sämlinge, die den Ansprüchen nicht genügen, sofort vom Saatbeet entfernt werden.

Das Züchtungsprogramm der Firma Kordes gehört zweifellos zu den größten weltweit. Es umfasst in allen Bereichen (Garten-, Schnitt- und Topfrosen) zusammen eine Anzahl von 12.000 Mutterpflanzen. Es werden etwa 200.000 Blüten per Hand bestäubt. In einem erfolgreichen Jahr führen diese Anstrengungen zu einer Zahl von über 1.000.000 Saatkörnern, aus denen ca. 750.000 Sämlinge gezogen werden.

GARTENROSEN-ZÜCHTUNG
Die gesunde Rose

Seit 1990 wird im Hause Kordes konsequent auf die Gesundheit der Rosen gezüchtet und selektiert.

Mit Blick auf das Rosensortiment bedeutet diese Entwicklung, dass bei Weitem nicht alle, aber doch viele der Sorten, die während der 1960er, 70er bis hinein in die 1980er Jahre entstanden sind, sich in heutigen naturnahen Gärten ohne chemische Pflanzenschutzmittel schwer tun.

Und als Folge aus der Umkehr, dem Wandel in der Züchtung werden diese Sorten im Hause Kordes auch konsequent aus dem Handel genommen.

Viel Raum entsteht so für neue Rosen – Sorten, die ebenso schön sind wie ihre Vorgänger, nur viel, viel gesünder.

Die Selektion

In der Praxis beginnt die Selektion mit der ersten Blüte der jungen Sämlinge auf dem Saatbeet – nur wenige Wochen nachdem diese aus ihrem Saatkorn gekeimt sind. Das wichtigste Zuchtziel, die Blattgesundheit, kommt allerdings in dieser frühen Phase noch nicht zur Geltung, denn die bedrohlichste Pilzkrankheit, der Sternrußtau, kommt unter Gewächshausbedingungen nicht vor, und auch der Echte Mehltau ist an jungen

Frosthärte selektiert bei Kordes sozusagen die Natur selbst. Der Standort Sparrieshoop ist dafür gut geeignet. Wenn man in Südfrankreich oder England selektiert, kann die Frosthärte wegen des milden Klimas nicht so gut erkannt werden.

Links:
Aprikola® ist in vielen Stammbäumen gesunder Rosen zu finden.

Unten:
Immensee® ist ein Elter der weltberühmten Heidetraum® aus dem Züchterhaus Noack und daher in vielen Stammbäumen kerngesunder Rosen zu finden.

> Die Rose wird immer aktuell bleiben.
>
> ILSE KORDES

> Schlechtes Wetter, strenge Winter, verregnete Sommer: Wir müssen mit all dem zurechtkommen, daher sind wir tolerant und leben damit. Diese Toleranz herrscht auch im Betrieb.
>
> WILHELM KORDES III

Sämlingen nur recht selten zu finden. Zudem ist der Wuchscharakter einer Rose im Gewächshaus stets ausladender als später im Freiland – auch dieses Kriterium ist also anfangs schwer zu beurteilen. Was bleibt dem Züchter also, seine erste Auswahl unter dieser Unmenge von Sämlingen zu treffen? In erster Linie sind es die Blüten und Blüheigenschaften der Rose: Wie reich blüht sie, in Dolden oder einzeln, wie gefüllt ist sie, wie groß, wie geformt, welche Farbe, wie duftet sie? Kann die Rose mit diesen Reizen das Interesse des Züchters wecken, wird sie mit einem kleinen Bambusstöckchen markiert, was aber bei weitem nicht allen gelingt – nur etwa 10% schaffen es in die nächste Runde.

Die Dreier-Gruppe

Die Sämlinge, welche der Züchter für interessant befunden hat, werden durch Okulation (siehe auch Seite 99) auf dem Testfeld vermehrt und zwar mit drei Pflanzen pro Sorte – so entsteht die sogenannte Dreier-Gruppe. Diese wird im darauffolgenden Sommer erstmalig unter Freilandbedingungen begutachtet – die Rosen müssen mit dem abwechslungsreichen, norddeutschen Wetter zurechtkommen und im Spätsommer schleichen auch die ersten Blattkrankheiten in das ungespritzte Feld. So wird die Kombination aus äußeren und inneren Eigenschaften – also kurz gesagt aus Schönheit und Gesundheit – zum Gradmesser, welche Rose in die nächste Selektionsstufe überführt wird. Auch das gelingt wieder nur einem Bruchteil der Sorten. Diese werden erneut durch Okulation weiter vermehrt, jetzt mit zehn Pflanzen pro Sorte.

Die 10er-Gruppe

Bevor nun für diese 10er-Gruppe die nächste Entscheidung ansteht, vergehen zwei weitere Jahre, um den Blattkrankheiten genügend Zeit zu geben, das Testfeld massiv zu besiedeln. Wie im Hausgarten auch, ist der Krankheitsdruck im ersten Jahr nach einer Neupflanzung noch eher gering, steigert sich danach aber deutlich. Zudem gibt die Überwinterung der Pflanzen auf dem Feld Gelegenheit, die Winterhärte der potenziellen neuen Sorten zu überprüfen. Während der Sommermonate sind es dann aber wieder die Blüheigenschaften der Rosen, die wieder und wieder bewertet werden – allerdings nicht nur, wie lange und reich eine Sorte blüht, sondern auch wie gut sie sich von selbst „putzt", also ob die Petalen sich von selbst im Verblühen lösen. Auch Regenfestigkeit wünscht man sich von einer guten Sorte, ohne dabei unschöne Blütenmumien zu bilden – ein Kriterium, das sich im typisch norddeutschen Schmuddelwetter meist sicher überprüfen lässt. Trotzdem ist das Holsteiner Wetter mit seinem Kütseneinfluss besser als sein Ruf und gerade in den letzten Jahren hat es auch in Norddeutschland Phasen mit geradezu mediterranem Wetter gegeben – auch Hitzetoleranz und Farbbeständigkeit unter hoher Sonneneinstrahlung können so beobachtet werden. Ein wichtiger Aspekt vor dem Hintergrund, dass Kordes-Rosen natürlich auch in Ländern mit heißer, trockener Witterung gerne gepflanzt werden.

Die detaillierte Bewertung dieser zwei Jahre gibt Ausschlag für die Entscheidung, welche Sorten in die nächste Stufe übernommen werden.

Ihnen steht ein weiterer Zwei-Jahres-Zyklus bevor, in dem sie ihren bisher gezeigten guten Eindruck erneut unter Beweis stellen müssen. Da sich jetzt aber auch die Zeit nähert, eine Entscheidung über mögliche Markteinführung zu treffen, werden auch Kollegen aus Verkauf und Marketing in die Diskussion eingebunden. Wo hat die Sorte Platz im Sortiment? Welche Blütenfarben oder –formen sind gerade gefragt? Diese und andere Aspekte werden lebhaft erörtert ohne allerdings ein elementares Kriterium in Frage zu stellen: Die Blattgesundheit! Keine noch so schöne Rose hat eine Chance, wenn sie nicht ein hohes Maß an Widerstandsfähigkeit erreicht.

Das gilt übrigens auch für den Duft, der zweifelsohne zu den wichtigsten Eigenschaften einer Rose zählt. Die Kombination aus diesen beiden Eigenschaften ist die große Herausforderung für den Züchter und sie ist keine Zauberei, sondern mit viel Arbeit wohl zu erreichen.

» Dass sich eine Rose von Kanada bis Florida gut macht, das wäre eine Herausforderung für die Rosen-Züchtung. Wenn das gelänge, dann hätten wir eine neue Weltrose. «

Wilhelm Kordes III

Das Ergebnis jahrelanger Züchtung und bester Selektion.

„Zeit ist für einen Rosenzüchter elastisch und dehnbar, man streckt sich für einen Moment weit hinaus in die Zukunft, schaut dabei stets zurück in die Vergangenheit und versucht die Möglichkeiten der Gegenwart zu ergreifen."

Rosenzüchter Jack Harkness 1918–1994

„Demnächst wird unser Produktionsbetrieb in Kenia auch Fairtrade zertifiziert. Durch dieses Label wird auch garantiert, dass ein Teil des Umsatzes direkt an die Mitarbeiter zurückfließt. Von diesem Geld werden dann z.B. Infrastrukturen (Wasserleitungen, Kanalisation, etc.) in den Siedlungen der Arbeiter aufgebaut."

John Kordes 2011

Vorbereitung auf die Markteinführung

Sind sich nun alle Experten einig über die guten Qualitäten einer Sorte, so wird sie erneut okuliert und dieses Mal eine ganze Reihe von etwa 1.000 Pflanzen. Die 1.000 Pflanzen pro Sorte bieten nun im Herbst des folgenden Jahres genügend Material, die Sorten in internationale Rosenneuheitenwettbewerbe zu verschicken. Derartige Prüfungen gibt es in vielen Ländern und so messen sich Kordes-Rosen mit den Kreationen anderer Züchterhäuser in Argentinien, Australien, Belgien, England, Frankreich, Italien, Irland, Japan, den Niederlanden, Nordirland, Österreich, Schottland, Schweiz, Spanien, Südafrika, Tschechische Republik, USA und nicht zuletzt in Deutschland, wo in jedem Jahr die begehrte „Goldene Rose von Baden-Baden" verliehen wird. Bei der Bewertung der Rosen in diesen Wettbewerben gewinnt die Gesundheit zwar eine zunehmende Bedeutung, doch weiterhin steht die Schönheit der Rose im Mittelpunkt.

Das ist anders in der bereits mehrfach erwähnten deutschen Rosenprüfung der ADR (= Allgemeine Deutsche Rosenneuheitenprüfung), in der die eingesandten Sorten an elf Standorten für drei Jahre gänzlich ohne Einsatz von Pflanzenschutzmitteln bewertet werden. Selbstverständlich stellt sich in jedem Jahr auch eine Reihe von Kordes-Züchtungen dieser Herausforderung der „Härtesten Rosenprüfung der Welt", wie sie gerne von ausländischen Kollegen tituliert wird.

Die Jugendjahre der letzten verbliebenen Rosensorten neigt sich nun langsam dem Ende zu. Nicht alle der letzten fünfzehn Sorten, aber sieben, acht oder auch zehn werden für die Markteinführung vorgesehen und nun erstmalig in großen Stückzahlen vermehrt.

Was bleibt sonst noch zu tun, bevor die neue Sorte endlich Einzug in Ihre Gärten halten kann? Schöne Fotos sollte man machen, damit sich die Rose bei ihrem Debütauftritt im neuen Katalog gut präsentiert.

Dann wird die Rose beim gemeinschaftlichen Sortenamt zum EU-Sortenschutz angemeldet – diese Art „Pflanzenpatent" schützt die Sorte quasi als geistiges Eigentum des Züchters und bietet die Möglichkeit, illegale Vermehrung zu unterbinden.

Ein solcher Sortenschutz ist auch in den meisten anderen Ländern möglich und erfolgt immer unter der sogenannten Sortenschutzbezeichnung – diese beginnt bei Kordes-Sorten immer mit den Buchstaben KOR und ermöglicht deren eindeutige Identifikation unabhängig vom Handelsnamen, der in jedem Land verschieden sein kann.

Wieder ist Fantasie gefragt, wenn es darum geht, der Rose ihren Namen zu geben, damit diese endlich die nüchterne Züchternummer abstreifen kann, die sie jahrelang während der Testung tragen musste.

Vielleicht bietet sich sogar die Gelegenheit der Rose ihren neuen Namen im Rahmen einer feierlichen Taufzeremonie zu verleihen, um vielen Gartenfreunden und den Medien die neue Sorte bekannt zu machen.

Es sind nun mindestens acht, oft auch zehn oder bei Kletterrosen, die man gerne länger testet, auch einmal zwölf Jahre vergangen! Das ist also der lange, steinige Weg einer Rosensorte durch die Selektion, dessen Ziel jedes Jahr nur wenige Sorten erreichen, um Sie dann in Ihrem Garten zu erfreuen.

ZÜCHTUNG BEI SCHNITTROSEN

Haltbar für die Reise um die Welt

Schnittrosen werden auf andere Eigenschaften gezüchtet und selektiert als Garten- oder Topfrosen. Diese bestimmten Eigenschaften intensiv bewerten zu können erfordert ein eigenes Selektions- und Testverfahren, das komplett von dem gelöst ist, das wir auf den letzten Seiten für die Gartenrosen kennengelernt haben.

Die erste Selektion in diesen Beeten ist noch vergleichsweise grob, aber doch schon gezielter als bei den Gartenrosen, da der Wuchscharakter der Schnittsorten, die später auch in Gewächshäusern kultiviert werden, bereits besser beurteilt werden kann. Ansonsten sind es vor allem Blütenfüllung, -form, Festigkeit der Blütenblätter und Stabilität der Triebe nach denen der Züchter den Wert einer Sorte einschätzt.

Diese „Elite“ der Sämlinge wird in Töpfe verpflanzt und in einer speziellen Testabteilung ein weiteres Jahr einer detaillierten Bonitur unterworfen. Während dieser Zeit zeigen die Sämlingspflanzen weitere vier Blütenflore, die dem Züchter die Möglichkeit geben zu unterschiedlichen Jahreszeiten die für Schnittrosen relevanten Charakteristika zu erfassen: Verzweigung, Stiellänge, Bestachelung und anderes. Eine sehr wichtige Eigenschaft von Schnittrosen, die Haltbarkeit bzw. Transportfähigkeit, wird zu diesem frühen Zeitpunkt der Testung noch nicht im Detail überprüft, kann aber von erfahrenen Züchtern durch Befühlen der Petalen abgeschätzt werden. Blütenfüllung, -form und eventuell auch Duft werden stets erneut bewertet und zusammen mit allen anderen Eigenschaften in einer computergestützten Datenbank zusammengetragen. Am Ende des ersten Testjahres ergibt sich so ein recht genaues Bild einer jeden Sorte und die besten werden erstmalig über Stecklinge vermehrt. Auf diese Weise entstehen dann ganze Beete der Testsorten, die im Folgejahr für genauere Untersuchungen zur Verfügung stehen – besonders der Ertrag (gemessen in Anzahl Stiele pro m^2 und Jahr) wird ermittelt und die Haltbarkeit in Vasentests mit vorhergehender Transportsimulation gemessen. Diese Tests erfolgen allerdings nicht nur im Kordes-Mutterbetrieb in Sparrieshoop, sondern auch vor Ort in den Anbaugebieten.

So sind es dann auch im Bereich der Schnittrosen am Ende einer Testphase von 4 bis 5 Jahren verschiedene Sorten, die auf diesen verschiedenen Märkten als benannte Sorte in den Handel gelangen – auch diese werden zum Sortenschutz angemeldet, erhalten ihren Namen aber nicht auf feierliche Weise, zumal er nur ganz selten bis zum Endkäufer gelangt.

Rosentestung in Sparrieshoop

» Schnittrosen-Vision: eine duftende Rose, die lange hält und gute Transporteigenschaften hat. «

TIM-HERMANN KORDES

ZÜCHTUNG BEI TOPFROSEN

Eroberung von Tisch und Fensterbank

Mit „Topfrosen" sind nicht etwa eingetopfte Gartenrosen gemeint, obwohl der Begriff dafür gelegentlich auch Verwendung findet, sondern stecklingsvermehrte Miniaturröschen, wie sie in verschiedenen Topfgrößen beim Floristen oder auch im Supermarkt angeboten werden. Produziert werden diese Rosen heute überwiegend von großen spezialisierten Gärtnereien in Dänemark bzw. den Niederlanden in hoch technisierten Gewächshäusern.

Die Entwicklung neuer Topfrosen-Sorten, die besonders am Valentinstag oder Muttertag gerne verschenkt werden, ist ein noch relativ junger Bereich in der Rosenzüchtung, der seine Ursprünge in den frühen 1980er Jahren findet. Es lassen sich einige Parallelen zur Entwicklung der Schnittrosen aufzeigen – auch bei den Topfrosen wurden zunächst Zwergformen aus dem Bereich der Gartenrosen verwendet, die sich aber kaum für eine Produktion im Gewächshaus eigneten und deren Haltbarkeit weit hinter den Erwartungen zurück blieben. Ein neues Betätigungsfeld für Rosenzüchter war also entstanden und im Hause Kordes zögerte man nicht lange, ein entsprechendes Programm zu beginnen. Die Hauptzüchtungsziele sind bei den Topfrosen neben guter Bewurzelbarkeit, gleichmäßiger Verzweigung und einem natürlich kompakten Wuchs, besonders eine lange Haltbarkeit und gute Transportfähigkeit.

Britta Feuerhahn und Wilhelm-Alexander Kordes beim Selektieren in Dänemark.

Die Anfänge ...

Als man bei Kordes Mitte der 1980er Jahre begann auf diese Ziele hin zu kreuzen, waren die ersten Versuche von wenig Erfolg gekrönt – einige Sorten sahen nett aus, doch ihnen fehlten die optimalen Eigenschaften und das gewisse Etwas. Dann kam der Zufall zur Hilfe und man fand mit der Gärtnerei ROSA DANICA im dänischen Odense den perfekten Partner für eine professionelle Testung unter Praxisbedingungen. Diese Zusammenarbeit machte es möglich die Züchtungsergebnisse besser einzuschätzen und schon bald waren die ersten marktfähigen Sorten unter dem „Familiennamen“ Kordana® in Kultur. Schon kurze Zeit darauf gelang mit der Sorte Vanilla Kordana® der große Wurf – eine Jahrhundertsorte, wie sie auch großen Rosenzüchtern nicht jeden Tag gelingt. Und dabei hatte man ihr Potenzial im ersten Moment gar nicht erkannt – während die typischen Sorten dieser Zeit kleine Blüten in Dolden hatten, zeigte Vanilla Kordana® vergleichsweise große Einzelblüten wie eine Zwerg-Edelrose. Nur waren es genug Blüten, zweifelte man? Und überhaupt, creme-weiße Blüten, will das der Markt? Eigentlich war es nur die phänomenale Haltbarkeit der Sorte, die überzeugte und die Entscheidung brachte, sie in Kultur zu nehmen. Mit dem überschwänglichen Erfolg der Sorte am Markt hatte dann aber niemand wirklich gerechnet – in kurzer Zeit schon war sie die am meisten produzierte Sorte und blieb es für viele Jahre. Warum? Zum einen sicher, weil die Zeit reif war für einen neuen Typ Topfrose – die Kunden liebten die Eleganz der kleinen Mini-Edelrosen. Und die Farbe? Da Topfrosen in erster Linie in der Dekoration von Innenräumen Verwendung finden, ist es wichtig, dass sie sich der Umgebung anpasst. Die cremeweiße Vanilla Kordana® hatte dafür die perfekte, neutrale Farbe: Es gibt keine Möbel, keine Tapete, kein Tischtuch mit dem sie sich nicht kombinieren ließe – sie passt zu jedem Porzellan, zu Terracotta ebenso wie Chrome. Und sie war ganz sicher so etwas wie ein „Trendsetter“ – denn nicht nur im Hause Kordes gab es schon bald ein ganzes Farbsortiment im Stile von Vanilla Kordana®.

... bis heute

Aus der Produktion ist sie heute noch nicht gänzlich verschwunden, doch ihre dominierende Rolle hat Vanilla Kordana® inzwischen eingebüßt – mittlerweile verlangt der Markt nach noch größeren Blüten. Ihre positiven Eigenschaften aber hat sie seit ihrer Entstehung schon an viele weitere Generationen von Topfrosen vererbt.

Während der Selektion auf dem Saatbeet sind es besonders Kriterien wie kompakter Wuchs, gute Verzweigung sowie Blütenfüllung, -farbe und –form, nach denen der Züchter seine Entscheidung fällt. Diese erste Hürde nehmen etwa 2.000 Sorten, die im Juni die Reise nach Dänemark antreten, um beim Partner-Betrieb ROSA DANICA erstmalig vermehrt zu werden.

Nach einer Testphase von 2 bis 3 Jahren verbleiben etwa 10 Sorten, die dann in großen Mengen vermehrt werden und in der Regel auf der Internationalen Pflanzenmesse in Essen der Öffentlichkeit sowie Produzenten und Kunden vorgestellt werden.

Kordana®-Topfrosen sind Sorten, die für eine Verwendung in Wohnräumen sowie dem gartennahen Bereich auf Terrasse und Balkon vorgesehen sind. Sie sind nicht für eine dauerhafte Bepflanzung im Garten gezüchtet und getestet worden – weil die Züchtungsziele nicht auf Blattgesundheit und Winterhärte ausgerichtet sind, sind die meisten Sorten kaum geeignet unter Freilandbedingungen lange zu bestehen.

Ganz oben:
Belami Kordana® – eine nostalgische Topfrose

Oben:
Sylvia Kordana® – eine der beliebten Kordes Topfrosen

„Kordes' Jubilee®"
(Kordes 2012)

'Speelwark'
(Kordes 1999)

'Stéphanie de Mónaco'
(Meyer/Meilland 1971)

'Funkuhr'
(Kordes 1984)

Unbenannter Sämling

Unbenannter Sämling

'Duftwolke'
(Tantau 1963)

'Peer Gynt'
(Kordes 1968)

'Honigmond'
(Kordes 1972)

'Dr. A. J. Verhage'
(Verbeek 1963)

'Prima Ballerina'
(Tantau 1957)

'Montezuma'
(Swim 1955)

'Königin der Rosen'
(Kordes 1964)

'Goldrausch'
(Kordes 1961)

'Claire Grammerstorf'
(Kordes 1957)

'Spek's Yellow'
(Verschuren 1950)

'Tawny Gold'
(Leenders/J&P 1951)

Unbenannter Sämling

Unbenannter Sämling

'Gloria Dei'
(Meilland 1945)

'Geheimrat Duisberg'
(Kordes 1933)

Unbenannter Sämling

'Baccará'
(Meilland 1954)

Unbenannter Sämling

'Kordes' Perfecta'
(Kordes 1957)

'Super Star'
(Tantau 1960)

Unbenannter Sämling

Unbenannter Sämling

'Happiness'
(Meilland 1949)

'Kordes' Sondermeldung'
(Kordes 1951)

'Obergärtner Wiebecke'
(Kordes 1950)

'Sunmist'
(Kordes 1940)

'Golden Glow'
(Brownell 1937)

'Obergärtner Wiebecke'
(Kordes 1950)

'Baby Château'
(Kordes 1936)

'Crimson Glory'
(Kordes 1935)

Unbenannter Sämling

Unbenannter Sämling

Unbenannter Sämling

'Hede'
(Tantau 1933)

'Crimson Glory'
(Kordes 1935)

'Holstein'
(Kordes 1938)

'Crimson Glory'
(Kordes 1935)

'Holstein'
(Kordes 1938)

'Johannes Böttner'
(Kordes 1943)

Rosa rub. 'Magnifica'
(Hesse 1916)

'Cathrine Kordes'
(Kordes 1930)

'W.E. Chaplin'
(Chaplin 1929)

'Cathrine Kordes'
(Kordes 1930)

'W.E. Chaplin'
(Chaplin 1929)

'Eva'
(Kordes 1933)

'Geheimrat Duisberg'
(Kordes 1933)

'Professor Gnau'
(Tantau 1928)

'Mevrouw G.A. van Rossem'
(Van Rossem 1929)

Stammbaum der Rose „Kordes' Jubilee“

Nur selten geben Rosenzüchter heute die Abstammung ihrer Züchtungen preis... Hier soll eine seltene Ausnahme gemacht werden und wir gewähren einen tiefen Blick ins Züchtungsbuch auf die Ahnenreihe unserer „Jubiläumsrose“: Wie ein „Who is Who“ der Rosenzüchtung liest sich ihr Stammbaum – mütterlicherseits finden sich Legenden wie Crimson Glory, Kordes' Perfecta, Super Star, Gloria Dei, Königin der Rosen oder Duftwolke. Doch auch die Seite des Vaters geizt nicht mit prominenten Namen wie Kordes' Sondermeldung, Geheimrat Duisberg, Rosenmärchen, Arthur Bell, Friesia oder Sutter's Gold.

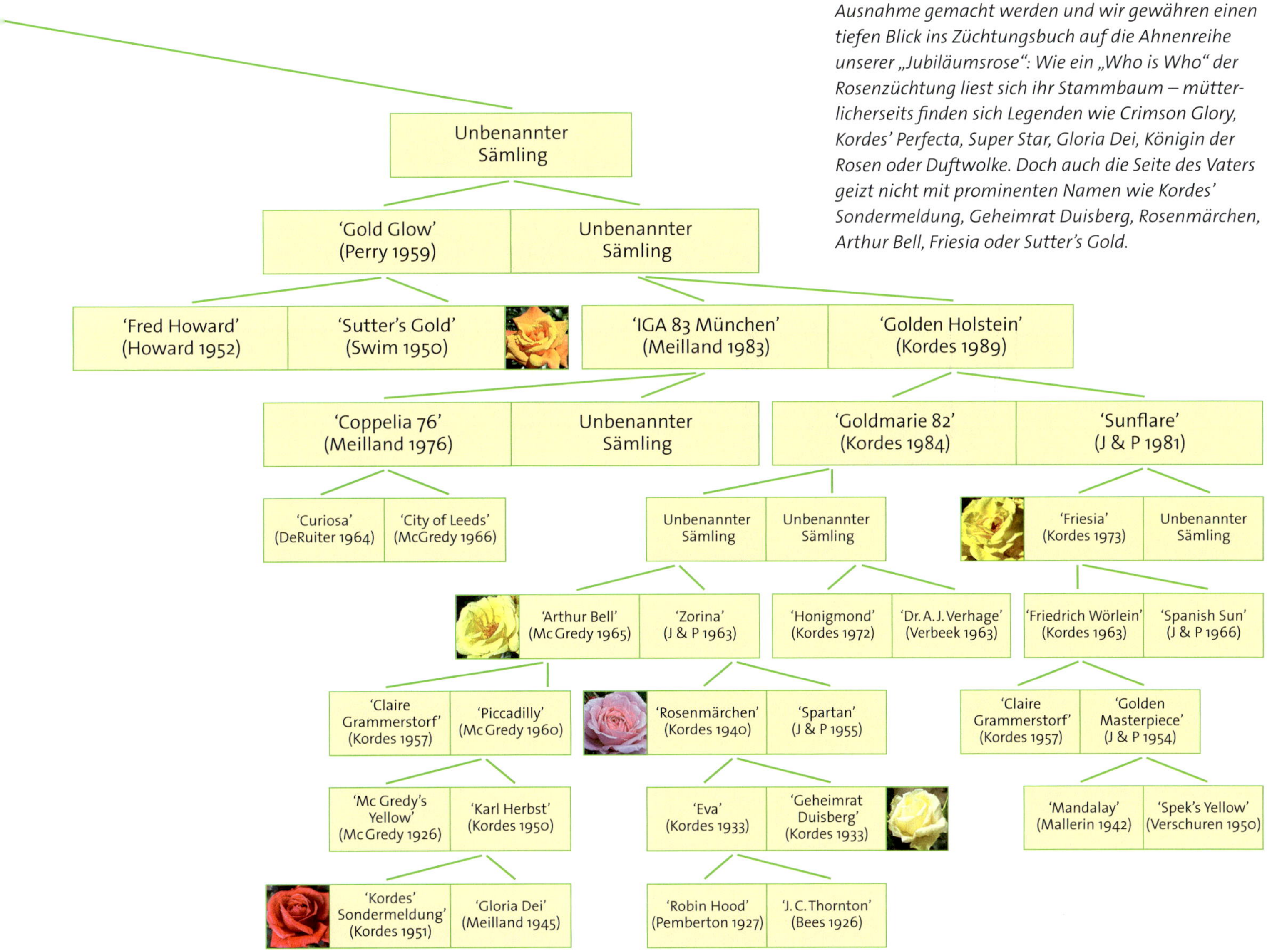

Gartenrosenproduktion

Woher kommen die Rosen in meinem Garten?

„Ich war als Kind sehr gerne draußen und habe mich mit der Natur beschäftigt. Im Laufe der Jahre hat das immer mehr abgenommen und ich konnte mir gar nicht mehr vorstellen, Gärtner zu werden. Ich wollte eher etwas in der Computerbranche erlernen. Und als ich mit dem Abitur fertig war, habe ich mich entschlossen erst einmal Zivildienst zu machen. Den habe ich im Aboretum in Ellerhoop absolviert. Und das hat mir so gut gefallen, dass ich in den botanischen Garten nach Kiel gegangen bin und eine Gärtnerausbildung gemacht habe. Und danach studierte ich in Osnabrück Gartenbau und bin 2011 damit fertig.

Wilhelm-Alexander 2011

Wenn eine Rose in der Züchtung entsteht, wenn sie quasi aus einem Saatkorn geboren wird, dann gibt es zunächst nur diese einzige Pflanze, ein Individuum. Eine neue Rosensorte wird aus ihr erst, wenn der Rosenzüchter, geleitet von seinen Schönheitsidealen und sonstigen Ansprüchen, bestimmte Sämlinge für besonders wertvoll erachtet und diese vermehrt. Im Gegensatz zur „generativen Vermehrung“ in der Züchtung, der ein „Geschlechtsakt“ zugrunde liegt, spricht der Gärtner bei der Vermehrung einer Sorte von „vegetativer Vermehrung“ also über das Wachstum, um das exakte genetische Material des Ursprungssämlings in unveränderter Form zu erhalten. Eigentlich werden also Kopien der Originalpflanze hergestellt – dazu gibt es zwei gängige Methoden: die Vermehrung auf eigener und die auf fremder Wurzel. Das Vermehren einer Rose auf eigener Wurzel hat sicher fast jeder schon mal mit mehr oder weniger Erfolg im eigenen Garten ausprobiert, nämlich Stecklinge einer Rose zu bewurzeln. Auch professionelle Gärtner bedienen sich gerne dieser Methode – besonders Kleinstrauchrosen werden in Europa auf diese Art und Weise vermehrt, wenn sie Verwendung in öffentlichen Anlagen oder Verkehrsbegleitgrün finden. Vorteile sind eine kostengünstige Vermehrung und Anzucht sowie das Ausbleiben von Wildtrieben, die bestimmte Fachkenntnisse in der Pflege voraussetzen würden.

Fast alle Rosensorten können mit dieser Methode vermehrt werden, wobei sich aber nicht alle willig bewurzeln lassen und ein ausreichend vitales Wurzelsystem ausbilden, dass die Pflanze zum Erreichen ihrer vollen Pracht benötigt.

Die Okulation

In solchen Fällen kommt nun eine alternative Methode zum Einsatz, über die die allermeisten Rosen vermehrt wurden, die sich heute in unseren europäischen Gärten finden: Die Vermehrung auf fremder Wurzel, eine spezielle Art der Veredlung, die der Gärtner „Okulation“ nennt. Dieser Begriff leitet sich ab vom lateinischen „Oculus“ für Auge, weil hierbei ein „Auge“ der Rose, also eine Knospe, auf den Wurzelhals einer sogenannten Unterlage gesetzt wird. Als Unterlagen, vom Gärtner auch Wildlinge genannt, kommen verschiedene Typen von Wildrosen: *Rosa canina* 'Inermis', *Rosa corymbifera* 'Laxa' oder auch *Rosa multiflora*. In Südeuropa finden durchaus noch andere Arten Verwendung, die aber aufgrund mangelnder Winterhärte in unserem Klima kaum lange überdauern würden.

Gartenrosen-Produktion:
1. Die Reiser der Edelsorten, die auf die Wildlinge veredelt werden, müssen von Stacheln und Blättern befreit werden.

2. Mit dem Okuliermesser ...

3. ... wird ein Auge (eine Knospe) aus dem Edelreis geschnitten

4. Nachdem man auf der Rückseite des Auges den kleinen Holzteil entfernt hat, wird in der Unterlage, also im Wildling, ein T-Schnitt vorgenommen...

5. ... in den das Edelauge eingesetzt wurde.

6. Die Veredlungsstelle mit einem OSV (Okulationsschnellverschluss) verbunden.

7. Ein Veredelungsteam: Veredler und Verbinder.

8. Vor dem Winter werden die frisch veredelten Pflanzen angehäufelt, damit der Frost keinen Schaden anrichten kann.

9. Abwerfen: Die Zweige des Wildlings werden abgeworfen, damit die Pflanze nur noch aus dem Auge des Edelreises, den oberen Teil der Pflanze bildet.

Die Vermehrung von Rosen über Okulation wie wir sie heute kennen, hat ihre Anfänge im 19. Jahrhundert und wurde seitdem immer weiter verfeinert. Wohl überlegte Arbeitsteilung (die benötigten Unterlagen werden von Spezialbetrieben angezogen) und ausgeklügelte Kulturverfahren sichern heute eine hohe Anwachsrate, gleichbleibende Qualität und damit Wirtschaftlichkeit der Produktion. Auch bei Kordes wird heute der weit überwiegende Teil der Rosen durch Okulation vermehrt – die Eigenproduktion beträgt, zusammengenommen mit Vertragsanbau in der Region, insgesamt 2,5 Millionen Pflanzen pro Jahr.

„Wissen und Können – Geschick und Ausdauer sind die Grundlagen der modernen Rosenzucht."

Reimer Kordes (1922-1997) an seinen Sohn Wilhelm III, August 1981

Die Anzucht einer Rose durch Okulation erfordert eine Kulturzeit von zwei Jahren. Die für den Anbau von Rosen vorgesehenen Felder werden, um Bodenmüdigkeit zu vermeiden, im Zyklus von 5 bis 7 Jahren mit Landwirten getauscht und zudem durch Einsaat von *Tagetes erecta* im Jahr vor der Kultur und Einarbeiten von Stallmist vorbereitet. Noch im Herbst, meist aber im April des ersten Kulturjahres werden die von Spezialbetrieben gelieferten Unterlagen in vorgezogenen Rillen auf dem Feld in langen Reihen von 800 bis zu 1.500 Stück gepflanzt. Eine Arbeit, die noch immer sehr traditionell per Hand erfolgt.

Die frisch gepflanzten Wildlinge werden anschließend zum Schutz vor Austrocknung angehäufelt. So geschützt wachsen die beim Pflanzen kaum bleistiftdicken Unterlagen in den folgenden Wochen bis etwa auf den Durchmesser eines kleinen Fingers heran. In Norddeutschland beginnt dann etwa Mitte bis Ende Juni die Zeit des Okulierens, die je nach Witterung bis Anfang September andauern kann. In Südeuropa beginnen diese Arbeiten dagegen teils schon im März, während die Skandinavier bis zum August warten – wichtig ist, dass die Unterlagen im vollen Wachstum sind und unter Saftdruck stehen, so dass sich ihre Rinde gut lösen lässt und, dass die Veredlungsreiser reif sind, von denen die Augen zum Veredeln genommen werden sollen. Diese Edelreiser sind Triebe derjenigen Sorte, die vermehrt werden soll – idealer Weise soll der Trieb blühen und sich die Stacheln lösen, um ein optimales Ergebnis zu erhalten. Die Reiser werden in speziellen Mutterpflanzenquartieren oder auch von Produktionsfeldern geschnitten, gebündelt und ohne Blätter (allerdings mit Blattstiel zum Schutz des Auges) stehen sie dann für die Veredler zur Verfügung, können in diesem Zustand gut feucht gehalten aber auch an andere Gärtnereien in Deutschland oder weltweit verschickt werden.

Das Okulieren von Rosen gehört zu den schwierigsten Tätigkeiten des Gärtnerhandwerks und will gelernt sein – Anfänger erreichen nur selten eine hohe Anwuchsrate von 80 bis 90%, wie sie von einem guten Veredler verlangt wird. Bei Kordes wird diese Tätigkeit von erfahrenen Gärtnern aus dem eigenen Personal ausgeführt aber auch von hoch spezialisierten Wanderarbeitern, die im Verlauf des Sommers von Süden nach Norden durch Europa reisen und nichts anderes tun als im Akkord Rosen zu okulieren.

Zum Okulieren der Rosen muss zunächst ihr Wurzelhals freigelegt werden – beim leichten Holsteiner Sandboden kommen hier Maschinen mit Gebläsen zum Einsatz, „abpusten" nennt das der Gärtner auch. Anschließend wird der Wurzelhals noch mit einem Tuch oder einfach vom Veredler mit dem Messerrücken sauber gewischt. Bei seiner Arbeit steht der Veredler gebückt über der Pflanze, hält diese mit dem Fuß am Boden und öffnet die Rinde am Wurzelhals mit einem sogenannten T-Schnitt – einem senkrechten und einem waagerechten Schnitt. Im folgenden Arbeitsschritt nimmt der Veredler einen Trieb der zu veredelnden Sorte zur Hand, entfernt den schützenden Blattstiel und schneidet die so sichtbar gewordene Knospe (das „Auge") von unten nach oben in Wachstumsrichtung heraus. Der Schnitt muss hauchdünn unter dem

Auge erfolgen, allerdings ohne dieses zu beschädigen – eine filigrane Tätigkeit, die viel Übung erfordert. Das auf diese Weise ausgeschnittene Auge setzt der Veredler nun in die durch den T-Schnitt entstandene Öffnung am Wurzelhals der Unterlage. Er schneidet dann die Lasche des Auges ab und eine zweite Arbeitskraft verbindet die Veredlungsstelle.

Anschließend bleibt die Pflanze wieder sich selbst überlassen und wenn die kleine „Organtransplantation" gelungen ist, sind schon wenige Tage später Unterlage und eingesetztes Auge miteinander verwachsen.

Nach überstandener kalter Jahreszeit werden die Unterlagen dann im März des zweiten Kulturjahres wieder „abgepustet", also der zum Schutz angehäufelte Boden entfernt. Den nun folgenden Arbeitsschritt nennt der Gärtner „absetzen" oder „abwerfen" – hierzu wird der Busch der Unterlage knapp oberhalb der Veredlungsstelle mit dem eingesetzten Auge abgeschnitten. Da die Unterlage nun jeder Möglichkeit beraubt ist, durch ihre eigenen Triebe auszutreiben, bleibt ihr nur das eingesetzte Auge der Edelsorte – schnell entwickeln sich so junge, rote Austriebe, die der Veredlungsstelle entspringen. Nur selten schafft es die Unterlage noch einmal aus den Wurzeln einen Schoß zu schieben, den es umgehend gilt zu entfernen. Solche Wildtriebe, die auch später im Garten hin und wieder auftreten, kann man leicht am helleren, stumpfen Laub und der fehlenden Blüte erkennen – sie sollten sorgfältig, möglichst nah am Wurzelhals ausgerissen oder abgeschnitten werden, um ein erneutes Austreiben zu verhindern.

Anfang Juli ist es dann aber so weit: Etwas später als im Garten, weil durch das Pinzieren verzögert, beginnen nun auch die Rosenfelder zu blühen und werden zum Anziehungspunkt für Rosenfreunde aus nah und fern. In der Landschaft entsteht so durch die langen Reihen blühender Rosen ein faszinierendes, vielfarbiges Streifenmuster – je lückenloser, je erfolgreicher die Veredler gearbeitet haben.

Mit „nur einfach wachsen lassen" ist das Gärtnerhandwerk allerdings nicht getan – im Laufe des Sommers muss Unkraut entfernt und nachgedüngt werden, um die Rosen in hochwertiger Qualität heranzuziehen. Chemischer Pflanzenschutz ist, was Blattkrankheiten betrifft, mit Zunahme der neuen, sehr widerstandsfähigen Sorten im Sortiment immer weniger notwendig – im Auge behalten muss man allerdings den Befall mit Raupen oder Blattläusen, die enormen Schaden anrichten können, wenn sie konzentriert in großen Mengen auftreten.

Der Rosengärtner hofft dann auf einen guten Sommer, der lange warm bleibt, allerdings mit nicht zu viel Regen endet, damit kräftige Pflanzen heranwachsen aber auch die Triebe des 2. Flors noch rechtzeitig ausreifen – also hart genug werden die Lagerung im Kühlhaus unbeschadet zu überstehen.

So nähert sich dann auch das zweite Kulturjahr langsam seinem Ende, denn Anfang Oktober ist dann Zeit zum Roden der Rosen. Später im Betrieb werden die Rosen dann fachgerecht in A- bzw. B-Qualität sortiert.

Register

Halbfette Seitenzahlen verweisen auf Abbildungen

» Die Familie Kordes: Es gab immer wieder schwierige Zeiten. Aber ob schwierig oder nicht, wir haben immer zusammen gehalten. Und wir sind gesund gewachsen, also nicht zu schnell oder zu langsam. Wir haben uns nicht irgendwelchen Hirngespinsten hingegeben, sondern wir sind aus uns selbst heraus gewachsen. Und vielleicht ist es auch die Bodenständigkeit der Materie, die Arbeit mit den Pflanzen, die dafür gesorgt hat.
Wir können mit jedem Wetter umgehen und mit dem, was uns die Natur schenkt. Es ist eben nicht so wie in vielen anderen industriellen Betrieben. Wenn eine Ware aus ist, wird nachproduziert.

Wenn bei uns eine Sorte der Gartenrosen ausverkauft ist, dann müssen die Kunden ein Jahr warten. Unser ganzes Denken ist daher sehr langfristig und wir sind es gewohnt mit Schwierigkeiten zu Recht zu kommen. Wenn zum Beispiel der Sommer verregnet ist und wir müssen auf dem Feld die besten neuen Rosen aussuchen, sind wir flexibel und warten auf einen schönen Tag, selbst wenn das ein Sonntag ist. Flexibilität und Bodenständigkeit, Zusammenhalt und gesundes Wachstum, das sind die Haupteigenschaften dieses Weltunternehmens. «

WILHELM KORDES III

Impressum

Bild Vorderseite Umschlag: Kordes' Jubilee®

Mit 247 Fotos von
W. Kordes' Söhne, Klein Offenseth-Sparrieshoop, außer
Annette Timmermann: 1, 2/3, 26 ur, 40 ol, 41 or, 43 ur, 46 oM, 47 l, 47 r, 48 l, 59 or, 60 ol, 80 Ml, 91
LG Photodesign: 22 ganz links, 28, 42 ul, 43 M, 61 r, 61 l, 61 o, 80 ur, 95 u
Horst Hilscher: 96 (Super Star), 97 (Sutter's Gold), 97 (Arthur Bell), 97 (Rosenmärchen)

Leider konnten wir bei vielen Fotos nicht mehr zweifelsfrei den Fotografen benennen.
Sollten wir mit unserer Fotoauswahl eventuell bestehende Urheberrechte verletzen, so wären wir für einen Hinweis dankbar.
Nicht zuzuordnen:
Alle Abbildungen Seiten 64, 65, 66, 70, 71, 72, 73, 74, 75; Seite 68 beide Fotos links und Mitte; Seite 69 oben rechts und unten; Seite unten links, Seite 87 unten rechts

Umschlaggestaltung: Atelier Reichert, Stuttgart unter Verwendung eines Farbfotos von Ute Kordes (Vorderseite) und zwei Bilder W. Kordes' Söhne

ISBN 978-3-9814611-0-7
Produktion und Grundlayout: Atelier Reichert, Stuttgart